Sección de Obras de Filosofía

¿Esperanza o conocimiento?

Traducción de
EDUARDO RABOSSI

RICHARD RORTY

¿ESPERANZA O CONOCIMIENTO?

Una introducción al pragmatismo

FONDO DE CULTURA ECONÓMICA

México - Argentina - Brasil - Colombia - Chile - España
Estados Unidos - Perú - Venezuela

Primera edición, 1997
Primera reimpresión, 2001

¿Esperanza o conocimiento? *Una introducción*
al pragmatismo

© Richard Rorty

Este libro fue publicado anteriormente bajo el título *Hoffnung*
Statt Erkentniss: Eine Einfuhrung in die Pragmatische Philoso-
phie (Viena, Passagen Verlag, 1994).

Foto tapa: *Autorretrato*, de Andre Martus, 1994.
Gentileza del autor.

D. R. © 1997, FONDO DE CULTURA ECONÓMICA, S.A.
El Salvador 5665; 1414 Buenos Aires
E-mail: fondo@fce.com.ar
Av. Picacho Ajusco 227; 14200 México D.F.

ISBN: 950-557-228-X

IMPRESO EN ARGENTINA
Hecho el depósito que previene la ley 11.723

I. LA VERDAD SIN CORRESPONDENCIA

SE DICE, A MENUDO, que el pragmatismo es una filosofía típicamente norteamericana*. A veces se lo dice con desdén, como en el caso de Russell. Russell quería decir que el pragmatismo es una filosofía superficial, propia de un país inmaduro. Pero a veces, esta afirmación adquiere el sentido contrario cuando es empleada por quienes sugieren que sería antinorteamericano, y por ende inmoral, no ser pragmatista. Oponerse al pragmatismo equivaldría a oponerse a la forma democrática de vida.

Creo que el desdén de Russell hacia el pragmatismo y los Estados Unidos fue injustificado y pienso, también, que el encomio al pragmatismo es equivocado. La filosofía y la política no están tan estrechamente unidas. Siempre habrá cabida para el desacuerdo filosófico entre personas que comparten la misma visión política y para puntos de vista políticos diametralmente opuestos entre filósofos/as de la misma escuela. En particular, no hay razón para que un fascista no sea pragmatista, en el sentido de concordar con mucho de lo que Dewey dijo acerca de la naturaleza de la verdad, el conocimiento, la racionalidad y la moralidad. En todos esos temas, Nietzsche se hubiera alineado con Dewey

* Se ha traducido *America* y *American* como Estados Unidos o Norteamérica y norteamericano.

7

contra Platón y Kant. Si hubieran discutido, el único desacuerdo sustancial entre Nietzsche y Dewey habría sido acerca del valor de las ideas igualitarias, de la idea de hermandad humana y, por ende, acerca del valor de la democracia. Considero desafortunado que muchas personas deseen que entre la filosofía y la política haya un nexo más estrecho del que existe o del que puede existir. En particular, la gente de izquierda sigue aguardando un punto de vista filosófico que no pueda usar la derecha política, un punto de vista que sólo se preste a las causas buenas.[1] Pero nunca habrá tal cosa. Un punto de vista filosófico es una herramienta que puede estar en manos muy diferentes. Así como no se puede aprender mucho acerca del valor de las opiniones de Heidegger sobre la verdad o la racionalidad partiendo del hecho de que era nazi, no podemos aprender gran cosa acerca del valor de las opiniones (muy similares)[2] de Dewey sobre esos temas, a partir del hecho de que toda su

[1] Se atribuye a Neurath haber dicho que "nadie puede utilizar el empirismo lógico para dar fundamento a un argumento totalitario" y, por cierto, los miembros del Círculo de Viena, como muchos escritores contemporáneos, vieron que la filosofía de Heidegger y la política de Hitler estaban ligadas entre sí. Pero debemos recordar que nadie puede utilizar el empirismo lógico o el pragmatismo para dar fundamento a un argumento *anti*totalitario. Ningún camino argumentativo que parta de premisas cognoscitivas o semánticas nos llevará a conclusiones políticas o a conclusiones acerca del valor relativo de las obras literarias. Es obvio, sin embargo, el motivo por el cual quienes están a favor de un enfoque pragmatista de la naturaleza del conocimiento humano tienden a admirar a Whitman y a Jefferson más que a Baudelaire y a Hitler.

[2] Para una discusión de las similitudes entre el Heidegger de *Sein und Zeit* y el pragmatismo, véase Mark Okrent, *Heidegger's Pragmatism* (Ithaca, N.Y.: Cornell University Press, 1988). Para el intento de relacionar los elementos comunes a Heidegger y Davidson, ver el capítulo final de J. E. Malpas, *Donald Davidson and the Mirror of Meaning* (Cambridge: Cambridge University Press, 1992).

vida fue un defensor de causas políticas buenas, progresistas, ni del hecho de que compartió el juicio de Walt Whitman de que "los Estados Unidos son, en sí mismos, el mayor poema". Nuestra opinión acerca del pragmatismo puede y debe ser independiente de nuestra opinión sobre la democracia o sobre los Estados Unidos.

Por ello, Dewey no estaba del todo descaminado cuando denominó al pragmatismo "la filosofía de la democracia". Lo que tenía en mente era que el pragmatismo y los Estados Unidos son las expresiones de un estado de ánimo esperanzado, progresista [*melioristic*], experimental. Creo que lo máximo que puede hacerse para asociar el pragmatismo con los Estados Unidos es decir que el país y su filósofo más distinguido sugieren que en política podemos sustituir el tipo de conocimiento que los filósofos usualmente tratan de alcanzar por la *esperanza*. Los Estados Unidos siempre han sido un país orientado al futuro, un país que se solaza con la idea de que se ha inventado para sí mismo un pasado relativamente reciente.

En lo que sigue argumentaré que ayuda a comprender a los/as pragmatistas pensarlos desde la afirmación de que la distinción entre el pasado y el futuro puede sustituir a todas las antiguas distinciones filosóficas, aquéllas a las que los derrideanos denominan "las oposiciones binarias de la metafísica occidental". La más importante de estas oposiciones es entre realidad y apariencia. Otras incluyen la distinción entre lo incondicionado y lo condicionado, lo absoluto y lo relativo y lo apropiadamente moral como opuesto a lo meramente prudencial.

De acuerdo con el significado que otorgo al término "pragmatismo", John Dewey y Donald Davidson se presentan como los pragmatistas paradigmáticos. Haré constante referencia a Dewey y aludiré a Davidson sólo de manera ocasional (digamos, para los remates). Se acostumbra distinguir a los "pragmatistas clásicos", Peirce, James y Dewey, de los "neopragmatistas" vivos, como Quine, Goodman, Putnam y Davidson. La línea divisoria entre ellos es el denominado "giro lingüístico". Es el giro que dieron los filósofos cuando dejaron a un lado el tema de la experiencia y adoptaron el del lenguaje, cuando comenzaron a seguir el ejemplo de Frege en vez del de Locke. En los Estados Unidos, el giro sólo se dio en los años cuarenta y cincuenta y, como resultado del mismo, se dejó de leer a James y a Dewey en los departamentos de filosofía.

Usualmente, cuando se asocian el norteamericanismo y el pragmatismo, sólo se tienen en mente a los pragmatistas clásicos. Los llamados neopragmatistas no están demasiado preocupados por la filosofía moral y la filosofía social, ni se ven a sí mismos como representantes de algo típicamente norteamericano. Como alumno de Carnap, Quine aprendió que la filosofía debe estar cerca de la lógica y tomar distancia de la política, la literatura y la historia. Goodman y Davidson, los alumnos de Quine, dieron por supuesto el planteo de Carnap. De los neopragmatistas que he mencionado sólo Putnam, en sus últimos escritos, ha ido más allá de los límites que Carnap fijó.

De los tres pragmatistas clásicos, sólo James y Dewey relacionaron sus doctrinas filosóficas, de modo deliberado y consciente, con el país del que eran ciudadanos ilustres. Peirce se pensó a sí mismo como parte de una comunidad internacional de investigadores que trabajaban problemas técnicos y especializados que poco tenían que ver con los desarrollos históricos o con las culturas nacionales.[3] Peirce

---

[3] Peirce hizo poco uso de Emerson pero en su último período, cuando desarrolló una "metafísica del amor evolutivo", confesó que, aunque

se refería a los problemas políticos y a las tendencias sociales de un modo tan evasivo como el de Quine: como temas que poco tienen que ver con la filosofía. Pero James y Dewey tomaron a los Estados Unidos en serio. Ambos reflexionaron sobre la significación histórica mundial de su país. Los dos fueron influidos por el sentido evolutivo que Emerson tenía de la historia y, especialmente, por "The American Scholar", su ensayo seminal. El ensayo se solaza con la diferencia entre el Viejo y el Nuevo Mundo. Oliver Wendell Holmes lo llamó "nuestra Declaración nacional de Independencia Intelectual". James y Dewey se involucraron en movimientos políticos –en particular, movimientos antiimperialistas– que se proponían lograr que los Estados Unidos fueran auténticos con ellos mismos, y que no reprodujeran las viejas y malas costumbres europeas. Los dos usaron la palabra "democracia" –y su cuasi sinónimo "Estados Unidos"– como lo hizo Whitman: como el nombre de algo sagrado. En un ensayo de 1911, Dewey escribió:

> Emerson, Walt Whitman y Maeterlinck son quizás, hasta ahora, los únicos que han sido conscientes de manera habitual y, por así decir, instintivamente de que la democracia no es ni una forma de gobierno ni una conveniencia social, sino una metafísica de la relación del hombre y de su experiencia en la naturaleza...[4]

"no era consciente de haber contraído el virus del trascendentalismo de Concord", era probable que "alguna forma benigna de la enfermedad se haya implantado en mi alma sin darme cuenta". (C. S. Peirce, *Collected Papers*, Hartshorne y Weiss (comps.), vol. 6, sección 102, Cambridge, Mass.: Harvard University Press, 1936).

[4] John Dewey, "Maeterlinck's Philosophy of Life", *The Middle Works of John Dewey*, vol. 6 (Carbondale: Southern Illinois University Press, 1978).

Como Cornell West ha puesto en evidencia,[5] hay que leer a Emerson para comprender el origen de esa "conciencia instintiva" que James y Dewey compartían. West dice que Emerson

asocia un yo mítico al contenido y al carácter de los Estados Unidos. Su individualismo no está simplemente relacionado con los individuos particulares sino, de manera más importante, con una concepción normativa y exhortativa del individuo *como* los Estados Unidos. Su proyección ideológica de la primera nueva nación lo es en términos de un yo mítico... un intelectual norteamericano heroico que se ha apropiado de un poder y una fuerza casi divinos y que ha adquirido la confianza de usar ese poder y esa fuerza para "la conversión del mundo."[6]

En el fondo, sin embargo, Emerson, como su discípulo Nietzsche, no fue un filósofo de la democracia sino de la autocreación, de lo que denominó "la infinitud del hombre privado". El poder casi divino nunca estuvo alejado de la mente de Emerson. Su Estados Unidos no era tanto una comunidad de ciudadanos como un lugar de intercambio en el que héroes casi divinos podrían representar dramas autoescritos.

En oposición, el tono de Whitman, como el de James y el de Dewey, es más secular y comunitario que el de Emerson. Por ello, quizá, la mejor manera de aprehender la actitud hacia los Estados Unidos que James y Dewey dieron

---

[5] Véase el libro de Cornell West *The American Evasion of Philosophy: A Genealogy of Pragmatism* (Madison, University of Wisconsin Press, 1989). West explica el origen del título, que se refiere al hecho de que Emerson dejó a un lado la problemática cartesiana que había dominado la filosofía europea.

[6] C. West, *American Evasion*, pp. 12-13.

por supuesta y que compartieron con las audiencias que escuchaban sus conferencias es releyendo *Democratic Vistas* de Whitman, escrito en 1867. El libro comienza diciendo:

> Así como las más grandes lecciones de la Naturaleza en el universo son, quizá, las de la variedad y la libertad, en la política y el progreso del Nuevo Mundo también se presentan esas grandes lecciones...
>
> Los Estados Unidos, aunque colman el presente con las acciones y los problemas más grandes y aceptan el pasado con alborozo, incluso el feudalismo (por cierto que el presente es el retoño legítimo del pasado, incluido el feudalismo), se basan, creo yo, para su justificación y su éxito (¿quién puede pretender hasta hoy haber tenido éxito?) casi exclusivamente en el futuro...
>
> Porque nuestro Nuevo Mundo considera menos importante lo que se ha hecho o lo que se es que los resultados que se producirán.[7]

En este capítulo me centraré en la frase de Whitman "se basan para su justificación y su éxito casi exclusivamente en el futuro". En mi opinión, el nexo entre el norteamericanismo a la manera de Whitman y la filosofía pragmatista –la clásica y la "neo"– es la propensión a referir todas las cuestiones relativas a la justificación última al futuro, a la sustancia de las cosas que se esperan. Si hay algo distintivo en el pragmatismo es que sustituye las nociones de "realidad", "razón" y "naturaleza" por la noción de un futuro humano mejor. Podría decirse del pragmatismo lo que Novalis dijo del romanticismo: que es "la apoteosis del futuro".

Tal como entiendo a Dewey, lo que él llamó, algo tosca-

---

7 Walt Whitman, *Complete Poetry and Selected Papers* (Nueva York: The Library of America, 1982), p. 929.

mente, "una metafísica de la relación del hombre y de su experiencia en la naturaleza" es una generalización de la moraleja de la biología darwiniana. Lo único que justifica una mutación, biológica o cultural, es su contribución a la existencia, en algún lugar del futuro, de una especie más compleja e interesante. La justificación es siempre una justificación desde el punto de vista de los sobrevivientes, de los vencedores. No hay un punto de vista que esté por encima del de ellos. Esto equivale en el campo de las ideas a la verdad de que el poder hace a lo justo y de que la justicia es el interés del más fuerte. Pero estas ideas son engañosas cuando se las construye metafísicamente, como cuando se afirma que el statu quo actual, o el bando vencedor en una guerra, se halla en una relación privilegiada con lo que las cosas realmente son. Por ello, "metafísica" fue una palabra desafortunada para describir el darwinismo generalizado que es la democracia. Porque esa "metafísica" está asociada con el intento de reemplazar la apariencia por la realidad.

Los pragmatistas –tanto clásicos como "neo"– no creen que haya una manera en que las cosas realmente son. Por ello, quieren reemplazar la distinción apariencia-realidad por una distinción entre las descripciones menos útiles y más útiles del mundo y de nosotros mismos. Cuando se plantea la pregunta "¿útiles para qué?" no tienen nada que responder, excepto "útiles para crear un futuro mejor". Cuando se les pregunta "¿mejor según qué criterio?" no tienen una respuesta detallada, tal como los primeros mamíferos no pudieron especificar en qué aspectos eran mejores que los moribundos dinosaurios. Los pragmatistas sólo pueden decir algo vago como esto: "Mejor en el sentido de contener más de lo que nosotros consideramos bueno y menos de lo que consideramos malo". Cuando se les pregunta "exactamente, ¿qué consideran bueno?", los pragmatistas sólo pueden decir, con Whitman, "la variedad y la libertad", o con Dewey, "el crecimiento [*growth*]". "El crecimiento —dijo Dewey— es en sí mismo el único fin moral."[8] Los pragmatistas están limitados a ofrecer respuestas tan imprecisas e inútiles porque no esperan que el futuro se ajuste a un plan, que el futuro satisfaga una teleología inmanente, sino más bien que asombre y estimule. Así como los devotos de la *avant-garde* concurren a las galerías de arte con la esperanza de quedar deslumbrados, más que para satisfacer alguna expectativa específica, del mismo modo la deidad finita y antropomórfica, elogiada por James y más tarde por A. N. Whitehead y Charles Hartshorne, espera ser sorprendida y deleitada por el último producto de la evolución, biológico o cultural. Preguntar por el plan pragmatista para el futuro es como pedirle a Whitman que delinee lo que está al final de la ilimitable perspectiva democrática. Lo que importa es la perspectiva, no el punto de llegada.

De modo que si Dewey y Whitman tienen algo interesante en común es su imprecisión, principista y deliberada. Porque la imprecisión principista es la manera norteamericana de hacer lo que Heidegger denominó "el ir más allá de la metafísica". Tal como Heidegger usa el término, metafísica es la búsqueda de algo claro y distinto, algo totalmente presente. Esto significa algo que no se encamina hacia un futuro indefinido, algo como lo que Aristóteles llamó "el ahora", *to nun*, un *nunc stans*, la plenitud del ser presente. Heidegger pensó el pragmatismo como empeñado en tal búsqueda y, en consecuencia, entendió las cosas al revés. Pensó el norteamericanismo como la reducción del mundo a un material en bruto y del pensamiento a la planificación,

[8] John Dewey, *The Reconstruction in Philosophy*, en *The Middle Works of John Dewey*, vol. 12 (Carbondale, Ill.: Southern Illinois University Press, 1982), p. 181.

y pensó el pragmatismo como la interpretación juvenil "norteamericana de Norteamérica".⁹ Esa reducción es el opuesto exacto de su intento de entonar una nueva canción. Pero Heidegger nunca leyó la canción nueva de Whitman. De haberlo hecho, es probable que hubiera llegado a percibir a Norteamérica como la vio Hegel (aunque sólo escuetamente): como la extensión del Espíritu hacia el Oeste, el próximo estadio evolutivo más allá de Europa. Si se piensa la metafísica de la presencia como la metafísica de Europa, puede verse el contraste entre esa metafísica y la "nueva metafísica" que es la democracia, como el contraste entre la vieja Europa y la nueva Norteamérica. Así como Mark Twain estaba convencido de que todo lo malo de la vida y de la sociedad europea podía ser corregido adoptando las actitudes y costumbres norteamericanas que su yanqui de Connecticut llevó a la corte del rey Arturo, del mismo modo Dewey estaba convencido de que todo lo malo de la filosofía europea tradicional era el resultado de apegarse a una imagen no igualitaria del mundo, surgida en el seno de una sociedad cuyas necesidades satisfacía. Consideró todos los dualismos funestos de la tradición filosófica europea, vestigios y figuraciones de la división social entre contempladores y hacedores, entre una clase ociosa y un clase productiva.¹⁰ Dewey explicó el origen de la filoso-

---

⁹ Véase *Holzwege* (Frankfurt: Klostermann, 1972), pp. 103-104: "El norteamericanismo [*Amerikanismus*] es muy europeo. Se trata de una variedad, aún no comprendida, de algo gigantesco que todavía anda suelto y no surge de la esencia realizada y metafísicamente plena de los tiempos modernos. La interpretación norteamericana del norteamericanismo que hace el pragmatismo todavía está fuera del ámbito metafísico." Hay razones para pensar que el conocimiento que Heidegger tenía del pragmatismo estaba restringido al material presentado en la disertación de Eduard Baumgarten, un alumno de Heidegger que, a su vez, había estudiado con Dewey.

¹⁰ Véase Dewey, *The Quest for Certainty, Later Works*, vol. 4, cap. 1

fía como el intento de conciliar "los dos tipos de producto mental": el de los sacerdotes y el de los artesanos.[11] Esa reconciliación se necesita cuando ya no se tiene fe en los mitos y las costumbres de la sociedad, y se tiene que defender apelando al tipo de razonamiento causal que los artesanos usan para explicar por qué las cosas han de hacerse de un modo y no de otro.

Dewey arguye que hasta ahora el impulso de la filosofía ha sido conservador, que, al favorecer la estabilidad y no el cambio, ha estado típicamente del lado de la clase ociosa. La filosofía ha sido el intento de otorgar al pasado el prestigio de lo eterno. "El tema predominante de la filosofía

---

para una formulación clara de esta afirmación. Dewey dice: "El trabajo ha sido oneroso, penoso, asociado a una maldición primitiva... Debido a su carácter no placentero, la actividad práctica ha sido asignada, en la medida de lo posible, a esclavos y siervos. Así, la deshonra social en que se tuvo a esa clase se extendió al trabajo que realizaba. Existe también la antigua asociación del conocimiento y el pensamiento con lo inmaterial y lo espiritual, y de las artes y de toda actividad práctica, con la materia... El descrédito que acompañó el pensar en las cosas materiales en comparación con el pensar en lo inmaterial ha sido transferido a todo lo que esté asociado con la práctica." (p. 4). Más adelante dice: "Si se presta atención a los fundamentos de las filosofías de Platón y de Aristóteles, del modo como un antropólogo observa sus datos, es claro que esas filosofías fueron sistematizaciones en términos racionales del contenido de las creencias religiosas y artísticas de los griegos. La sistematización involucraba una purificación... De tal modo, junto a la eliminación de los mitos y de las supersticiones más groseras se establecieron los ideales de la ciencia y de una vida basada en la razón... Pero, pese a nuestra gratitud por dones tan perdurables, no podemos olvidar las condiciones que los acompañaron. Porque trajeron con ellos la idea de un ámbito de realidad fija superior, del que solamente es posible una ciencia verdadera, y de un mundo inferior de cosas cambiantes con el que tienen que ver la experiencia y las cuestiones prácticas..." (p. 14).

[11] Véase *The Reconstruction in Philosophy*, p. 86.

clásica de Europa", dice, ha sido hacer "de la metafísica un sustituto de la costumbre como fuente y garantía de los valores morales y sociales más elevados".[12] Dewey deseaba desviar la atención desde lo eterno hacia el futuro y hacerlo transformando la filosofía en un instrumento para el cambio y no para la conservación, haciéndola norteamericana más que europea. Tuvo la esperanza de conseguirlo negando –tal como Heidegger negaría más tarde– que la filosofía sea una forma de conocimiento. Esto significa negar que haya o pueda haber fundamentos extraculturales para la costumbre y reconocer que "en la filosofía, 'realidad' es un término de valor o de elección".[13] Dewey quería librarse de lo que denominó "la idea, que ha regido la filosofía desde los tiempos de los griegos, de que la función del conocimiento es poner al descubierto lo antecedentemente real, en vez de obtener, tal como ocurre en el caso de nuestros juicios prácticos, el tipo de comprensión necesaria para lidiar con los problemas a medida que surgen".[14] Al decir que la democracia es una "metafísica de la relación del hombre con su experiencia en la naturaleza" Dewey está diciendo que las instituciones de una sociedad verdaderamente no feudal podrían producir y ser producidas por una manera de pensar no dualista acerca de la realidad y el conocimiento. Esta manera de pensar pondría a los intelectuales, por vez primera, al servicio de la clase productiva, dejando así de servir a la clase ociosa. Por primera vez, el pragmatismo podría tratar la teoría como una ayuda para la práctica, en lugar de ver la práctica como una degradación de la teoría.

Si todo esto suena vagamente a Marx es porque Marx y

---

12 *The Middle Works of John Dewey*, vol. 12, p. 89.
13 "Philosophy and Democracy", en *The Middle Works*, vol. 11, p. 45.
14 *Later Works*, vol. 4, p. 14.

Dewey abrevaron en Hegel y porque ambos rechazaron de Hegel todo lo no historicista, especialmente su idealismo. También rechazaron su preferencia por comprender el mundo en vez de cambiarlo. Los dos conservaron las partes de Hegel que podían ser fácilmente reconciliables con Darwin. Dewey describió a Hegel como "un triunfo en el contenido material del espíritu secular y positivista moderno... una invitación al sujeto humano a dominar lo que está ya contenido en el aquí y ahora del mundo..."[15] Concibió a Darwin y a Hegel como dos aspectos de un único movimiento de pensamiento antidualista, "un movimiento que al rechazar la distinción esencia-accidente dé prioridad a la continuidad sobre la disyunción y a la producción de lo novedoso sobre la contemplación de lo eterno".[16]

Habermas ha dicho que Marx, Kierkegaard y el pragmatismo norteamericano fueron tres respuestas productivas a Hegel y que el pragmatismo fue "la rama socialdemócrata de los jóvenes hegelianos".[17]

El efecto de Hegel en Marx y Dewey fue desplazar la atención desde la pregunta kantiana "¿cuáles son las condiciones ahistóricas de posibilidad?" hacia la pregunta "¿cómo podemos hacer del presente un futuro más rico?" Pero mientras que Marx pensó que podía ver la forma de la historia del mundo y podía concebir el presente como una etapa de transición entre el feudalismo y el comunismo, Dewey se contentó con decir que el presente era una etapa

---

[15] Dewey, *The Quest for Certainty, Later Works*, vol. 4, p. 51.

[16] Para ampliar este tema, véase mi trabajo "Dewey Between Hegel and Darwin", en *Modernism and the Human Sciences*, Dorothy Ross (comp.) (Baltimore: Johns Hopkins University Press, 1994).

[17] Habermas, primeras páginas de una entrevista con Perry Anderson y Peter Dews. El pasaje aparece en la página 151 de Dews (comp.), *Habermas: Autonomy and Solidarity*. La versión alemana apareció en *Die neue Unuebersichtlichkeit*.

de transición hacia algo que podría ser, con suerte, inimaginablemente mejor.

Cuando, algo tarde en su vida, se puso a leer a Marx, Dewey concluyó que Marx había sido captado por el lado malo de Hegel, el griego, el lado que insistía en las leyes necesarias de la historia. Consideró que Marx, Comte y Spencer habían sucumbido al encanto de una pseudociencia que podía hacer extrapolaciones del presente al futuro. Afirmó que

> el marxismo es anticuado en su pretensión de ser peculiarmente científico. Porque así como la *necesidad* y la búsqueda de una ley *única* omnicomprensiva fue típica de la atmósfera intelectual de los años cuarenta del siglo pasado, la *probabilidad* y el *pluralismo* son las características del estado actual de la ciencia.[18]

Esta interpretación de Marx es reminiscente de *The Poverty of Historicism* de Karl Popper y también de la polémica antialthusseriana de *The Poverty of a Theory* de E. P. Thomson. De los dos, Dewey está más cerca de Thomson, cuyo libro *Making of the English Working Class* habría leído con entusiasmo y solaz. Si hubiera leído a Popper habría aplaudido su falibilismo pero habría deplorado los dualismos que él, como Carnap, dan por supuestos. Porque el movimiento empirista lógico, del que Carnap y Popper fueron representantes —el movimiento que hizo bruscamente a un lado el pragmatismo en los departamentos norteamericanos de filosofía luego de la Segunda Guerra Mundial—, reinventó las tajantes distinciones kantianas entre hecho y valor, y entre ciencia, por un lado, y metafísica y religión, por el otro. Estas distinciones fueron las que James y De-

---

[18] *Freedom and Culture, Later Works*, vol. 13, p. 123.

wey trataron de borrar. Los empiristas lógicos, con la ayuda de Frege y de Russell, "lingüistificaron" todas las viejas distinciones kantianas que Dewey pensó que Hegel había ayudado a superar. La historia de la redisolución de esas distinciones por los neopragmatistas, bajo el liderazgo de Quine, es la historia de la repragmatización y, así, de la deskantianización y la rehegelianización de la filosofía norteamericana.[19]

He tratado de dar, hasta aquí, un panorama de la ubicación de Dewey en el esquema intelectual de las cosas, diciendo algo acerca de su relación con Emerson, Whitman, Kant, Hegel y Marx. Voy a ponerme ahora un poco técnico para ofrecer una interpretación de la más famosa doctrina pragmatista: la teoría de la verdad. Quiero mostrar que esa doctrina calza en un programa más general: el de reemplazar el dualismo entre estructura permanente y contenido transitorio de griegos y kantianos por la distinción entre el pasado y el futuro. Intentaré mostrar que las cosas que James y Dewey dijeron acerca de la verdad fueron una manera de reemplazar la tarea de justificar la costumbre y la tradición pasadas apelando a una estructura inalterable por la tarea de reemplazar un presente insatisfactorio por un futuro más satisfactorio, sustituyendo así la certidumbre por la esperanza. James y Dewey pensaron que este reemplazo equivaldría a la norteamericanización de la filosofía. Concordaron con Whitman en que los Estados Unidos es el país que

<hr>

[19] He esbozado este relato en *Philosophy and the Mirror of Nature* (en p. 38 de las referencias bibliográficas) y he discutido el intento efectuado por Sidney Hook (el alumno favorito y el más inteligente de los discípulos de Dewey) de reconciliar el pragmatismo con el empirismo lógico, en "Pragmatism Without Method", incluido en *Objectivity, Relativism and Truth* (Cambridge: Cambridge University Press, 1991).

cuenta para su "razón y justificación" con el futuro y *sólo* con el futuro.

Se supone que la verdad es lo que distingue el conocimiento de la opinión bien fundada de la creencia justificada.[20] Pero si lo verdadero es, como dijo James, "el nombre de lo que prueba por sí mismo ser bueno en cuanto a la creencia y bueno, también, por razones definidas, asignables",[21] no es claro en qué aspecto se supone que una creencia verdadera difiere de la que está meramente justificada. Por eso se dice a menudo que los pragmatistas confunden la verdad, que es absoluta y eterna, con la justificación, que es transitoria, por ser relativa a una audiencia. Los pragmatistas respondieron a esta crítica de dos maneras principales. Algunos, como Peirce, James y Putnam, han dicho que podemos retener un sentido absoluto de "verdadero" identificándolo con la "justificación en la situación ideal": la situación que Peirce denominó "la meta de la investigación". Otros, como Dewey (y, como he argüido, Davidson[22]), han sugerido que hay poco que decir

---

[20] Para el fin que persigo, puedo pasar por alto la llamada "cuarta condición del conocimiento" propuesta por Gettier: una creencia debe ser producida de maneras apropiadas además de ser sostenida, estar justificada y ser verdadera.

[21] William James, *Pragmatism* (Cambridge, Mass.: Harvard University Press, 1978), p. 43.

[22] Davidson ha dicho que "verdadero" debería ser considerado un primitivo indefinible transparentemente claro. En mis trabajos sobre Davidson he interpretado que ello significa que concuerda con Dewey en que quienes filosofan tienen poco que decir acerca de la verdad. En "The Structure and Content of Truth" (*Journal of Philosophy*, vol. 87, junio de 1990) Davidson ha repudiado esta interpretación junto con la sugerencia de que es descitativo [*disquotationalist*] en cuanto a la verdad. J. E. Malpas menciona ese repudio de mi interpretación y sugiere que muestra qué es lo que está mal en mis repetidos intentos de agregar a Davidson a la lista de los neopragmatistas contemporáneos; véase

acerca de la verdad y que los filósofos deberían *limitarse*, explícita y autoconscientemente, a la justificación, a lo que Dewey llamó la "asertabilidad garantizada" [*warranted assertability*].

Malpas (*Donald Davidson and the Mirror of Meaning*, p. 257 y cap. 7).

El núcleo de la tesis de Davidson de que hay más cosas que decir acerca de la verdad de lo que Tarski dice y de que la verdad es un concepto explicativo (no obstante mi argumento en contra en "Pragmatism, Davidson and Truth") es que "una teoría de la verdad (para un lenguaje natural como el inglés o el francés) es una teoría para describir, explicar, comprender y predecir un aspecto básico del comportamiento verbal". ("Structure and Content", p. 313). Este hecho, continúa Davidson, muestra que "la verdad es un concepto explicativo crucialmente importante".

Mi respuesta es que el que una teoría empírica que correlaciona el comportamiento verbal con la situación y el entorno y con el comportamiento lingüístico de la persona que propone la teoría (asegurando así la "triangulación" hablante, oyente y entorno que Davidson [p. 325] considera "la fuente última de la objetividad y la comunicación") sea genuinamente explicativa no significa que el concepto de verdad sea genuinamente explicativo. Llamar a tal teoría "una teoría de la verdad" en lugar de "una teoría del significado" o, simplemente, "una teoría del comportamiento lingüístico de cierto grupo" no muestra el "carácter central" del concepto de verdad, como lo denomina Malpas. Sólo muestra la necesidad de contar con una teoría tal para hacer un uso efectivo de *cualquier* concepto semántico. Sobre esto, téngase presente la indiferencia de Davidson en el ensayo de 1967, "Truth and Meaning", respecto de la cuestión de si una teoría que genera oraciones-V [*T-sentences*] para un lenguaje L ha de ser llamada "una teoría del significado" o una "teoría de la verdad" (*Inquiries into Truth and Interpretation*, Oxford: Oxford University Press, 1984, p. 24). Allí, la cuestión de acerca *de qué* es una teoría que produce las oraciones-V pertinentes fue considerada de importancia secundaria, tal como pienso que efectivamente es. De tal modo, Davidson concluye "Structure and Content" diciendo: "La base conceptual de la interpretación es una teoría de la verdad". Me gustaría que hubiera dicho, en cambio: "La explicación de nuestra aptitud para interpretar es nuestra aptitud para triangular", dejando las cosas allí.

Prefiero la segunda estrategia. Pese a los esfuerzos de Putnam y Habermas para clarificar la noción de "situación cognoscitiva ideal" me parece que esta noción no es más útil que la de "correspondencia con la realidad" o cualquier otra noción que los filósofos han utilizado para proporcionar una glosa interesante de la palabra "verdadero". Más aún, creo que el "carácter absoluto" que, se supone, garantiza apelar a esas nociones, se asegura igualmente bien si insistimos en sostener, de acuerdo con Davidson, que la creencia humana no puede desplazarse libre de un entorno no humano y que, como él afirma, la mayoría de nuestras creencias (la mayoría de las creencias de *cualquiera*) tiene que ser verdadera.[23] Porque esa insisten-

---

Sea como fuere, lo que importa para mi versión del pragmatismo y para mi aserto de que hay muchas menos cosas que decir acerca de la verdad de lo que los filósofos han pensado tradicionalmente es un punto en el que Davidson, Malpas y yo coincidimos. Davidson lo expresa así: "No debemos decir que la verdad es correspondencia, coherencia, asertabilidad garantizada, asertabilidad idealmente justificada, lo que es aceptado en una conversación por las personas adecuadas, lo que en definitiva va a sostener la ciencia, lo que explica en la ciencia la convergencia de teorías específicas o los logros de nuestras creencias corrientes. En la medida en que el realismo y el antirrealismo dependen de uno u otro de esos enfoques acerca de la verdad, debemos rehusarnos a apoyar a alguno." ("Structure and Content", p. 309).

[23] Véase Davidson, "A Coherence Theory of Truth and Knowledge" (en *Truth and Interpretation: Perspectives in the Philosophy of Donald Davidson*, Ernest Lepore (comp.), Oxford: Blackwell, 1986) para el argumento en favor de esta tesis. Pese a los reparos de Malpas (mencionados en la nota anterior) y a la negativa de Davidson a autodenominarse pragmatista (dado que es definitorio del pragmatismo definir la verdad como asertabilidad garantizada), considero que es fructífero considerar a Davidson como llevando a cabo el proyecto de los pragmatistas clásicos. Un argumento para describirlo en esos términos puede ser extraído del artículo de Robert Brandom "Pragmatism, Phenomenalism and Truth Talk" (*Midwest Studies in Philosophy*, vol 12, pp. 75-

cia nos brinda todo lo que queremos obtener del "realismo" sin invocar el eslogan de que "lo real y lo verdadero
son 'independientes de nuestras creencias'". Un eslogan
que, como Davidson dice correctamente, resulta fútil acep-
tar o rechazar.[24]
La alegación de Davidson de que una teoría de la verdad para un lenguaje natural es una explicación empírica
de las relaciones causales que existen entre los rasgos del
entorno y el sostén de verdad de [holding-true] las oraciones parece ser toda la garantía que precisamos para asegu-
rar que estamos, siempre y en todas partes, "en contacto
con la realidad". Si tenemos esa garantía tenemos toda la
seguridad que necesitamos contra el "relativismo" y la "ar-
bitrariedad". Porque Davidson nos dice que nunca pode-

94). Brandom sugiere que pensemos la intuición básica de los pragmatistas clásicos en términos de lo que llama "fenomenalismo" acerca de
la verdad y que define como negar que "haya algo más respecto del fenómeno de la verdad que lo propio de ciertas 'entradas' [takings], por
ejemplo, sostener como verdadero, considerar verdadero, etcétera" (p.
77). Si se sustituye "lo propio de ciertas 'entradas'" por "el tipo de explicación de lo propio de las 'entradas' provistas para un lenguaje por
una teoría-V empírica", entonces Davidson cuenta también como un
"fenomenalista" en el sentido pertinente.
   24 "Structure and Content", p. 305. Lamento que Malpas, hacia el
fin de su libro (pp. 276-277) resucite el término "realismo" para describir el enfoque de Davidson (y de Heidegger). Como dice Malpas, ése no
es el sentido del término "empleado por Nagel, Putnam o Dummett".
Creo que inventar un sentido nuevo para ubicar a Davidson y a Heidegger produce una confusión innecesaria. Para designar el carácter ines-
capable del in-der-Welt-sein, afirmado por ambos, preferiría algo así
como "antiescepticismo" o "anticartesianismo". Porque lo que está
involucrado no es una tesis positiva, sino abjurar simplemente de una
imagen particular que nos ha tenido cautivos, la que he denominado
"representacionalismo" (véase la Introducción a Objectivity, Relativism and Truth) y que Michael Williams (cuya obra discuto más adelante) denomina "realismo epistemológico".

mos ser más arbitrarios de lo que el mundo nos permite ser. De modo que, aun cuando no exista un Modo en que el Mundo Es, aun cuando no existe la "naturaleza intrínseca de la realidad", existen presiones causales. Esas presiones pueden describirse de diferentes maneras en momentos distintos y para própositos diferentes, pero son sin embargo presiones.

La afirmación de que "el pragmatismo es incapaz de dar cuenta del carácter absoluto de la verdad" confunde dos exigencias: la de que expliquemos la relación entre el mundo y nuestras afirmaciones de que tenemos creencias verdaderas, y la exigencia, específicamente cognoscitiva, de lograr una certidumbre efectiva o descubrir un camino que nos garantice alcanzar la certidumbre, aunque sólo sea en un futuro infinitamente distante. Tradicionalmente, la primera exigencia se satisface diciendo que el mundo otorga verdad a nuestras creencias y que ellas corresponden a la manera de ser de las cosas. Davidson niega ambas afirmaciones. Él y Dewey concuerdan en que debemos dejar a un lado la idea de que el conocimiento es el intento de *representar* la realidad. Deberíamos, en cambio, visualizar la indagación como un modo de usar la realidad. Así, la relación entre nuestras alegaciones de la verdad y el resto del mundo es causal más que representacional, es causa de que sostengamos creencias. Y seguimos manteniendo las creencias que demuestran ser guías confiables para obtener lo que queremos. Goodman está en lo cierto al decir que no hay un Modo en que el Mundo Es y, por lo tanto, que no hay una única manera en que pueda ser fielmente representado. Pero hay muchos modos de actuar para que se concreten las esperanzas humanas de felicidad. La consecución de esa felicidad no es diferente de la consecución de la creencia justificada. Más bien, ésta es un caso especial de aquélla.

Los pragmatistas se dan cuenta de que esta manera de pensar acerca del conocimiento y la verdad hace a la certeza poco probable. Pero piensan que la búsqueda de la certeza –aun como una meta a largo plazo– es un intento de escapar del mundo. De tal modo, interpretan las a menudo hostiles reacciones a su enfoque de la verdad como la expresión de un resentimiento, del resentimiento de ser privados de algo que los primeros filósofos habían erróneamente prometido. Dewey insta a que la búsqueda de la certeza sea sustituida por un reclamo a la imaginación, que la filosofía deje de proporcionar seguridad y que aliente, en cambio, lo que Emerson denominó "autoconfianza". En este sentido, incitar a la autoconfianza es incitar la disposición a dar la espalda al pasado y al intento de "la filosofía clásica de Europa" de fundar el pasado en lo eterno. Es el intento emersoniano de la autocreación a escala comunal. Decir que uno debe reemplazar el conocimiento por la esperanza es decir, más o menos, la misma cosa: que uno debe dejar de preocuparse por si lo que cree está bien fundado y comenzar a preocuparse por si se ha sido lo suficientemente imaginativo como para pensar alternativas interesantes a las propias creencias actuales. Como dice West, "para Emerson, la meta de la actividad no es simplemente la dominación sino también la provocación; el *telos* del movimiento y del flujo no es únicamente el dominio, sino también el estímulo".[25]

En el contexto de la filosofía académica poskantiana, reemplazar el conocimiento por la esperanza significa algo muy específico. Significa dejar a un lado la idea kantiana de que hay algo denominado la "naturaleza del conocimiento humano" o la "situación cognoscitiva humana" o la "extensión y los límites del conocimiento humano" que

---

[25] C. West, *American Evasion*, p. 26.

los filósofos estudian y describen. Un libro reciente de Michael Williams, *Unnatural Doubts*, pone en claro cuánto se gana cuando se deja a un lado esta idea. Porque una vez que la tiramos por la borda no podemos dar sentido a la alegación de Descartes de que el hecho de que podríamos estar soñando pone en duda nuestro conocimiento del mundo externo. Esto es así porque no reconoceremos algo que sea "nuestro conocimiento del mundo externo", ni un orden que sea "el orden natural de las razones", un orden que comienza, por ejemplo, con "lo que los sentidos transmiten" [*deliverances of the senses*] y opera a partir de ellos de la manera pautada que imaginaron los empiristas, de Locke a Quine. Esas dos nociones están interrelacionadas porque, como dice Williams, "la amenaza del escepticismo está indisolublemente ligada a una concepción fundacional del conocimiento"²⁶ y porque tal concepción está indisolublemente ligada a la de la justificación independiente del contexto. Dejar a un lado la idea de una justificación independiente del contexto es dejar a un lado la idea de que "el conocimiento" es un objeto adecuado de estudio, la idea que Descartes y Kant heredaron del *Teetetos* de Platón.

Una vez que se dice, como hace Platón en ese diálogo, que "S sabe que p" es verdadera si y sólo si p es verdadera; y si S cree que p y S está justificado en creer que p, entonces no hay nada cognoscitivamente relevante que decir a menos que se descubra algo general e interesante acerca de la justificación o acerca de la verdad. Los filósofos han tenido la esperanza de encontrar algo interesante que decir respecto de ambas cosas descubriendo alguna conexión entre ellas y conectando así lo temporal con lo eterno, al sujeto humano transitorio con lo que está allí *de cualquier*

---

²⁶ Michael Williams, *Unnatural Doubts: Epistemological Realism and the Basis of Scepticism* (Oxford: Blackwell, 1991).

manera, haya o no sujetos humanos en el entorno.[27] Eso podría hacerse si la filosofía pudiera mostrar que cuanto mejor justificada esté una creencia resulta más verosímil que sea verdadera. Si no se puede mostrar tal cosa, se podría intentar demostrar que determinado procedimiento para justificar la creencia conduce a la verdad con mayor probabilidad que otro. Dewey alentó la esperanza de mostrar que había un procedimiento tal. A mi entender, Davidson y muchos pragmatistas están en lo correcto al sugerir que no lo hay.

Según mi visión de la historia del pragmatismo, hay dos grandes diferencias entre los pragmatistas clásicos y los neopragmatistas. Ya he mencionado la primera: es la diferencia entre hablar acerca de la "experiencia", como hicieron James y Dewey, y hablar acerca del lenguaje, como hacen Quine y Davidson. La segunda es la diferencia entre suponer que hay algo llamado "el método científico", cuyo empleo aumenta la probabilidad de que nuestras creencias sean verdaderas, y abandonar tácitamente esa suposición. En el ensayo "The Fixation of Belief", uno de los documentos fundacionales del pragmatismo, Peirce intentó describir lo que denominó "el método de la ciencia".[28] Dewey y sus discípulos, especialmente Hook, insistieron en la importancia de ese método. Esa insistencia fue el área principal de superposición entre el pragmatismo deweyano y el empiris-

---

[27] La frase "lo que está allí de cualquier manera" es la manera que tiene Bernard Williams de explicar lo que llama "la noción absoluta de realidad", una noción que los pragmatistas hacen todo lo posible para eliminar.

[28] La descripción de este método en el ensayo de 1877 es, en espíritu, fundacional, y no es fácil de reconciliar con el antifundacionalismo de los ensayos de 1868, "Questions Concerning Certain Faculties Claimed for Man" y "Some Consequences of Four Capacities".

mo lógico que pronto reemplazó al de los departamentos de filosofía norteamericanos. Pero, a medida que la filosofía norteamericana entró en su fase postpositivista se fue escuchando menos y menos acerca del método científico y de la distinción entre la ciencia y la no ciencia. Esta distinción fue socavada por el más influyente tratado filosófico escrito en lengua inglesa en el último medio siglo: *The Structure of Scientific Revolutions* de Khun, publicado en 1962. Aunque Khun no atacó explícitamente la noción de "método científico" como hizo Feyerabend, el efecto de su libro fue que dicha noción se esfumara discretamente. Ello se vio facilitado por la insistencia de Davidson en que la verdad es una misma cosa en la física que en la ética y por la polémica planteada por Putnam contra el cientismo que Carnap le enseñó. En el enfoque no representacionalista del conocimiento, común a Davidson y Dewey, no hay una manera fácil de reconstruir la distinción entre la ciencia y la no ciencia en términos de una diferencia en el método.[29] Lo que ha acontecido en la filosofía del lenguaje

[29] Esto no equivale a sostener que la noción de "métodos para alcanzar la verdad" esté completamente fuera de moda en la filosofía analítica contemporánea. Por el contrario, existe un movimiento floreciente llamado "epistemología naturalista" (el término fue acuñado por Quine) que enfrenta el pragmatismo del enfoque de Khun sobre la ciencia y trata de rehabilitar la noción de método. Puede hacerlo, sin embargo, sólo porque presupone un enfoque representacionalista del conocimiento.

Los métodos y presuposiciones de este movimiento están bien expuestos en el trabajo de Philip Kitcher, "The Naturalist's Return" (*Philosophical Review*, vol. 101, enero 1992, pp. 53-114), que concluye visualizando la necesidad de una teoría naturalizada del conocimiento para contrarrestar la influencia funesta de personas como Feyerabend o como yo. Kitcher dice que "El naturalismo tradicional encuentra un estándar objetivo para los principios cognoscitivos cuando visualiza el proyecto de la indagación como un proyecto en el que seres cognosciti-

a partir de Quine hace difícil la reconstrucción de los supuestos fundacionales que se requieren para tomar en serio la noción de "método". He argumentado en otro lado que todo lo que queda de los elogios de Peirce, Dewey y Popper a la ciencia es un encomio de ciertas virtudes morales –las de una sociedad abierta– más que una estrategia específicamente cognoscitiva.[30] De acuerdo con mi percepción de la situación actual del pragmatismo, la filosofía analítica postpositivista ha aclarado más que Peirce y Dewey que no debemos tratar de insistir en la propuesta del *Teetetos* intentando encontrar algo interesante que decir acerca de la conexión entre la justificación y la verdad. Debemos concordar con William James en el punto en que difirió con Peirce y Dewey, a saber, que la ciencia y la religión son, *ambas*, vías respetables para adquirir creencias respetables, no obstante tratarse de creencias que son buenas para propósitos muy diferentes. Lo más importante que hemos aprendido de Khun y de Da-

---

vamente limitados, ubicados en el mundo real, buscan un modo particular de representar ese mundo. Dada la naturaleza del mundo, de los seres en cuestión y de la clase de representación que se busca, habrá respuestas determinadas a las preguntas acerca de cómo proceder mejor y, así, habrá un estándar cognoscitivo objetivo." (p. 101). En la página 93 Kitcher deplora los planteos khunianos que hacen que la historia de la ciencia "se parezca a una caminata fortuita" más que a "un progreso unidireccional", y en la página 96 deplora la manera en que los "naturalistas radicales abandonan la aventura progresista de Bacon y Descartes, dejando que la teoría del conocimiento se transforme en un capítulo de la psicología, la sociología y la historia de la ciencia". Yo celebro, precisamente, lo que Kitchner deplora. Explorar las diferencias entre su representacionalismo y mi davidsonismo cae fuera de los límites de este capítulo.

[30] Véase "Science as Solidarity" y "Is Natural Science a Natural Kind?", en *Objetivity, Relativism and Truth*.

vidson es que no hay algo así como un cartesiano "orden natural de las razones" que se debe seguir para justificar las creencias. No hay ninguna actividad llamada "conocimiento" que tenga una naturaleza a descubrir y para la cual los científicos naturales están especialmente dotados. Existe, sencillamente, el proceso de justificar las creencias ante una audiencia. Y ninguna audiencia está más próxima a la naturaleza ni es mejor representante que cualquier otra de algún ideal ahistórico de la racionalidad. La idea de que hay un tema de estudio llamado "racionalidad" también se esfuma, y por las mismas razones que se esfuma la idea de que hay un tema de estudio llamado "conocimiento".

Un Dewey que se hubiera dejado persuadir por James de la ventaja de dejar a un lado el cientismo y la metodolatría podría concordar con Davidson en que, acerca de la verdad, no hay nada que decir del orden de lo que los epistemólogos dicen. Una vez que se ha aseverado con Peirce que las creencias son reglas para la acción más que intentos de representar la realidad y que se ha afirmado, con Davidson, que "la creencia es por naturaleza verídica"[31] se puede

---

[31] "A Coherence Theory of Truth and Knowledge", p. 314. Davidson continúa: "El creer puede ser visto como verídico si se considera qué es lo que determina la existencia y los contenidos de una creencia. El creer, como las otras actitudes proposicionales, es superviniente [*supervenient*] a hechos de varios tipos, conductuales, neurofisiológicos, biológicos y físicos". Este naturalismo acerca de la creencia (que James y Dewey hubieran aplaudido y que yo he tratado de exponer en "Non Reductive Physicalism" [en *Objectivity, Relativism and Truth*]) explica por qué la creencia no puede independizarse del mundo, de la manera como lo hacen los sueños. Para ver la relación de la tesis de Davidson con el escepticismo cartesiano es importante recordar todo lo que sabe la persona que sueña y lo poco que impugna de ese conocimiento aunque se dé cuenta de que está soñando (por ejemplo, todos los lugares comunes que no tienen que ver con la forma en que está efectivamente dispuesto el entorno del soñador). Quienes piensan que la Primera Meditación

considerar que el lema del naturalismo es que el conocimiento no es una clase natural que requiera estudio y descripción, y que no tenemos que proporcionar una teoría naturalizada del conocimiento. Este Dewey reformado podría también haber aceptado la tesis de Davidson de que la verdad no es un concepto cognoscitivo.[32] La tesis implica, entre otras cosas, que nunca se podrá encontrar una conexión interesante entre el concepto de verdad y el concepto de justificación.[33] La única conexión que existe entre esas dos nociones es que, por la misma razón que la mayoría de las creencias son verdaderas, la mayoría de las creencias es-

---

cartesiana hizo del escepticismo un tópico filosófico apremiante omiten este punto. Así, Barry Stroud, en *The Significance of Philosophical Scepticism* (Oxford: Clarendon Press, 1984), dice que quien sueña "podría ser un físico que sabe mucho acerca del modo como las cosas son y que un niño no conoce... No hay, en consecuencia, ninguna incompatibilidad entre saber y soñar" (p. 16). Pero agrega que esto "no afecta el argumento de Descartes" porque el físico no puede saber lo que sabe "sobre la base de los sentidos". Sin duda que no puede, pero esta idea de que la física está "basada en los sentidos" es, precisamente, la idea de "un orden natural de las razones" que Williams (siguiendo a Sellars) critica en el capítulo 2 de *Unnatural Doubts*. El pasaje de Stroud es una buena ilustración del hecho de que la noción de un orden de las razones es lo básico en la Primera Meditación. En cambio, la posibilidad de que uno esté soñando no lo es.

32 Véase "Structure and Content", p. 298.

33 Si Dewey no sólo hubiera sostenido esto sino también la tesis de Davidson de que "el relativismo acerca de la verdad es, quizás, el síntoma de una infección producida por el virus cognoscitivo", creo que habría dicho mucho menos cosas de tono relativista de las que criticaron Lovejoy, Russell y otros. Si hubiera aceptado el planteo de Williams se habría dado cuenta de que podía decir la mayoría de las cosas que quería decir acerca de lo que había de erróneo en las discusiones cognoscitivas de la verdad, apelando a la dependencia contextual de la justificación. A diferencia de Davidson, que considera que una condición necesaria para ser pragmatista es padecer la infección producida por el virus, yo considero que la única condición necesaria es la que Brandom

tán justificadas. Porque un creyente, que –a diferencia de un niño o de un psicótico– es un miembro pleno de su comunidad, siempre estará en condiciones de producir una justificación para la mayoría de sus creencias, una justificación que satisfaga los requerimientos de la comunidad.

No hay, sin embargo, ninguna razón para pensar que las creencias en mejores condiciones de justificarse sean las más probablemente verdaderas, ni que las menos justificables sean las que con más probabilidad resulten falsas. El hecho de que la mayoría de las creencias sean justificadas, como el hecho de que la mayoría de las creencias sean verdaderas, es una mera consecuencia más del carácter holista de la adscripción de creencias. A su vez, ello es una consecuencia del hecho de que las creencias que son expresadas como oraciones significativas tienen necesariamente muchas conexiones inferenciales predecibles con muchas otras oraciones significativas.[34] Por mucho que lo intentemos, no podemos sostener una creencia que hemos tratado infructuosamente de insertar en un entramado justificatorio con otras creencias. Por más que desee creer en una creencia no

---

plantea: creer que nada hay que decir acerca de la verdad que no pueda ser dicho sobre la base de los hechos correspondientes a los estándares apropiados de sostener una creencia como verdadera, y de su correspondiente explicación. En cuanto a esos estándares, véanse las últimas páginas de "Structure and Content" en las que Davidson alaba el papel de las normas y los afectos en la adscripción de las creencias y, de tal modo, en la construcción de las teorías-V.

[34] Y, por supuesto, del hecho de que si uno no habla un lenguaje no tendrá muchas creencias. Davidson piensa que en tal caso uno no tendría *ninguna* creencia. Para mis propósitos es suficiente decir que los perros y los infantes no pueden tener la mayoría de las creencias que nosotros tenemos, a menos que separemos el tener una creencia de nuestra habilidad para adscribirla con acierto al creyente (permitiendo, con ello, que los perros o, para el caso, las amebas tengan, por lo que sabemos, opiniones acerca de la cosmología, la Transubstanciación, etc.).

justificable, no puedo hacerlo. A lo sumo puedo apartar mi atención de la cuestión de por qué sostengo ciertas creencias. Sin embargo, en lo que hace a la mayoría de los temas de interés común, mi comunidad insistirá en que preste atención a tal cuestión. Tal distracción sólo es factible en el caso de las obsesiones privadas, como mi convicción de que un día mi número preferido saldrá en la lotería. Puede parecer extraño que se diga que no hay conexión entre la justificación y la verdad. Esto se debe a que somos propensos a decir que la verdad es la meta de la indagación. Pero creo que los pragmatistas tenemos que tomar el toro por las astas y decir que esa alegación es vacua o falsa. La indagación y la justificación tienen muchas metas de minoreo, pero no tienen una meta suprema llamada verdad. La indagación y la justificación son actividades en las que nosotros, usuarios del lenguaje, no podemos menos que involucrarnos. No necesitamos una meta denominada "verdad" que nos ayude a eso, así como los órganos digestivos no necesitan una meta llamada "salud" para comenzar a funcionar. Los usuarios del lenguaje no pueden menos que justificar sus creencias y deseos, unos con otros, tal como los estómagos no pueden evitar procesar la comida. La agenda de nuestros órganos digestivos es establecida por los alimentos específicos que procesan y la agenda de nuestra actividad justificatoria es proporcionada por las distintas creencias y los diferentes deseos que encontramos en los demás usuarios del lenguaje. Sólo habría una meta "superior" de la indagación, llamada "verdad", si hubiera una cosa tal como la justificación *última*, una justificación ante Dios o ante el tribunal de la razón, en tanto distintos de cualquier audiencia meramente finita.

Dada la imagen darwiniana del mundo, no puede haber un tribunal así porque tendría que tomar en cuenta todas las alternativas a una creencia dada y conocer todo lo que fuera pertinente para criticar cada una de esas alternativas. Ese tribunal tendría que tener lo que Putnam llama "la perspectiva del ojo de Dios", una perspectiva que tomara en cuenta no sólo todos los rasgos del mundo en tanto descripto por un conjunto dado de términos, sino cada rasgo desde toda otra descripción posible. Si no lo hiciera quedaría la posibilidad de que fuera tan falible como el tribunal que juzgó a Galileo: un tribunal que reprobamos por haber exigido justificar las nuevas creencias apelando a viejos términos. Si Darwin está en lo correcto, tiene tanto sentido la idea de un tribunal de la razón como la idea de que la evolución biológica es un pecado. La evolución biológica siempre produce nuevas especies y la evolución cultural siempre produce nuevas audiencias. Pero no hay una cosa tal como "las especies que la evolución tiene en mira", ni una cosa tal como "la meta de la indagación".

Resumiendo, mi respuesta a la aseveración de que los pragmatistas confunden la verdad con la justificación consiste en volver la acusación contra quienes la formulan. Ellos son los que están confundidos, porque piensan la verdad como algo hacia lo que nos dirigimos, algo a lo que más nos aproximamos cuanto más justificación tenemos. Por el contrario, los pragmatistas piensan que hay muchas cosas de detalle que decir a una audiencia dada acerca de la justificación, pero que no hay nada que afirmar acerca de la justificación en general. Por ello, no existe nada general que aseverar sobre los límites del conocimiento humano ni nada que decir respecto de la conexión entre la justificación y la verdad. No hay nada para decir sobre la verdad, no porque sea atemporal, mientras que la justificación es temporal, sino porque el *único sentido que tiene contrastar lo verdadero con lo meramente justificado es contrastar un futuro posible con un presente actual.*

Más específicamente, contrastamos lo verdadero con lo justificado para contrastar una audiencia actual, con sus requerimientos actuales de justificación, y una esperada audiencia futura. Tenemos la esperanza de que esa audiencia futura pueda plantarse ante la audiencia actual como la Sociedad Real se plantó, en 1700, ante el tribunal que condenó a Galileo. Como sugerí al comienzo, esa esperanza tiene visos de ser considerada típicamente norteamericana. La esperanza de que los Estados Unidos pudieran ser un futuro del que Europa fuera el pasado se ha esfumado. Pero aún tiene sentido esperar una comunidad mundial del siglo XXII que guarde con los Estados Unidos y la Europa contemporáneos la misma relación que, a los ojos de Whitman, los Estados Unidos del siglo XIX guardaron con la Europa del siglo XIX.

La idea de que existe un orden natural de las razones independiente de las peculiaridades de las audiencias específicas es esencial a la idea de que existe una conexión profunda entre la justificación y la verdad. Esas malas ideas son variantes de la idea de que los seres humanos tienen una afinidad especial con la naturaleza intrínseca de las cosas. Se trata de una afinidad dada por la posesión de una facultad llamada "razón", distinta del mero ajuste de medios a fines, es decir, de la actividad en que se involucran los animales y los artesanos. Puedo volver así a mi tema principal, la conexión entre el pragmatismo y el norteamericanismo, diciendo que las ideas gemelas de un orden natural de las razones y de una naturaleza intrínseca de las cosas son partes de lo que Dewey concibió como la imagen "europea", "feudal" del mundo.

Si se considera a Emerson, tal como propone Harold Bloom, como el fundador de una religión específicamente norteamericana, se puede asociar el pragmatismo a esa religión diciendo que los norteamericanos siempre hemos tenido la esperanza, como la tuvo Heidegger, de convivir con la idea de "la naturaleza intrínseca de las cosas". Bloom dice que es parte del credo de nuestra religión que

> el yo norteamericano no es el Adán del Génesis, sino un Adán más primitivo, el Hombre antes de que hubiera hombres y mujeres. Superior y anterior a los ángeles, ese verdadero Adán es tan viejo como Dios.[35]

Bloom agrega que "ningún norteamericano admite, en última instancia, que es una parte de la naturaleza". Sin embargo, esto es ambiguo. Ser una "parte de la naturaleza" puede interpretarse a la manera de la filosofía tradicional, no pragmática, como queriendo decir: ser una parte de algo cuya autodescripción se está obligado a respetar, algo a lo cual rendir pleitesía. De modo alternativo, puede interpretarse biológicamente, como queriendo decir: ser producidos y asistidos como las aves y las bestias. En la versión al modo de Dewey de la religión norteamericana, *no somos* parte de la naturaleza en el primer sentido, porque la naturaleza no tiene una autodescripción, así como la evolución no tiene una meta. Pero, por supuesto, *somos* parte de la naturaleza en el sentido no filosófico, biológico. Como especie y como individuos somos producidos y asistidos de la misma manera brusca y azarosa en que son producidos los reptiles. Pero, a diferencia de ellos, podemos recrearnos a nosotros mismos, nacer dos veces, abandonando las autodescripciones que nos enseñaron e inventando otras nuevas. Esta aptitud de darnos nacimiento a nosotros mis-

---

[35] Harold Bloom, *The American Religion* (Nueva York: Simon and Schuster, 1992), p. 15.

mos nos hace a los norteamericanos tan viejos como Dios, en términos filosóficos, aun cuando seamos más jóvenes, en términos biológicos, que los reptiles o los europeos. El contraste Europa-Estados Unidos puede verse, así, como el contraste entre la propensión feudal a pensar en las propias actividades temporales como al servicio de poderes superiores, por ser atemporales, y la falta de disposición norteamericana a rendir pleitesía a nada supratemporal. Esa propensión cuadra con el orgullo norteamericano de ser, aunque temporales hasta los tuétanos, los *más recientes* hijos e hijas del tiempo, la avanzada occidental del Espíritu. Ese orgullo resulta hoy anticuado porque la comunidad global de los próximos siglos, con suerte, no será tolerante con la noción de "Este" o de "Oeste". No obstante, creo que el orgullo histórico anticuado y los anticuados contrastes históricos, como los que los Estados Unidos decimonónicos plantearon entre ellos y Europa, todavía pueden ser instructivos y proporcionar inspiración.

Una cosa que nos queda del siglo XIX es la moraleja que tenemos que aprender de Darwin. Darwin sugirió una manera según la cual podríamos ser buscadores de la verdad sin tener en nosotros mismos una chispa de eso atemporal denominado "razón", una chispa que asegura, de alguna manera, que uno está en comunión o en armonía o en alguna otra relación deseable, con la naturaleza intrínseca de las cosas. Darwin sugirió que la diferencia entre nosotros y los reptiles no consistía en que ellos se adaptaban a la realidad mientras que nosotros la *conocíamos*, sino más bien en que nos acomodamos a la realidad mejor que ellos, mejor en el sentido de "permitirnos a nosotros mismos mucha más variedad y libertad". Esta sugerencia está presente en la negativa de los pragmatistas a dar crédito a la distinción entre conocer y acomodarse, entre tener contacto con la esencia y meramente arreglárnosla con lo accidental. Cuan-

do esa negativa se pone en términos de verdad significa que
la diferencia entre el conocimiento y la creencia meramente
justificada –la diferencia que la verdad señala– es, precisamente, la diferencia entre la creencia que permanecerá justificada pese a los cambios del entorno y la audiencia, y la
creencia que puede tornarse no justificada. Dado que nadie
conoce el futuro, que nadie sabe qué creencias permanece-
rán o no justificadas, no hay nada ahistórico que decir
acerca del conocimiento o de la verdad. El efecto de no decir nada más es transferir a la esperanza lo que Europa
transfirió a la metafísica y a la epistemología. Es sobre la
base de la esperanza que podemos producir un futuro mejor, sustituyendo así el intento platónico de escapar del
tiempo.

Una vez que se acepta que no hay nada que saber acerca de la conexión entre la justificación y la verdad, porque
no hay manera de predecir lo que requerirán las futuras audiencias demandantes de justificaciones, la idea de conocer
la naturaleza del conocimiento se torna tan sin esperanza
como la idea de conocer la verdad. Buscar conocer ambas
cosas se nos presenta ahora como la esperanza de conocer
el futuro de antemano, al modo como Marx, Comte y
Spencer pensaron que podían conocer el futuro. Para Dewey, la moraleja dejada por Darwin fue que predecir el futuro de la evolución sociocultural a partir de los escasos
datos disponibles en los siglos XIX y XX es un proyecto tan
descaminado como el de que un dinosaurio trate de predecir los monos antropoideos a partir de los datos disponibles
en el Jurásico.

Cuando pensamos en el conocimiento y la verdad, el
punto más importante que podemos extraer de Darwin es
que no hay un orden natural de las razones para justificar
una creencia, como no hay un orden natural para la evolución biológica. La evolución cultural, la evolución de las

demandas de justificación, no se produce de acuerdo con leyes, así como no se produce de acuerdo con leyes la evolución biológica, es decir, la evolución de las demandas de espacio vital. Ambas se producen por una secuencia fortuita de accidentes, algunos afortunados y otros no. Hacia la conclusión de su ensayo "The Influence of Darwinism in Philosophy", Dewey dice

> ...persiste la convicción –aunque la historia muestra que es una alucinación– de que todas las preguntas que la mente humana ha planteado son preguntas que pueden ser respondidas en términos de las alternativas que las preguntas mismas ofrecen. Pero, de hecho, el progreso usualmente ocurre a través del craso abandono de las preguntas junto con las alternativas que presuponen, un abandono que resulta de su vitalidad decreciente y de un cambio en la urgencia del interés. No las resolvemos; pasamos por sobre ellas.[36]

Si Dewey está en lo cierto, se sigue que la idea misma de un orden ahistórico natural de las razones –un orden natural que un método debe procurar o una justificación seguir– no es factible. Porque sólo podría existir un orden tal si todas las alternativas futuras ya estuvieran presentes. La esperanza de que podrían de hecho estar presentes es la falsa esperanza de lo que Dewey llamó "la filosofía clásica de Europa". Es la esperanza de que uno puede reconocer una estructura eterna detrás del contenido transitorio y, con ello, reconocer los límites de la posibilidad, es decir, de la investigación posible, del conocimiento posible, de las formas posibles de la vida humana. Esa esperanza es la que Dewey deseaba que los norteamericanos pudiéramos dejar a un lado. Nos urgió a dejarla a un lado en aras de una es-

---

[36] *Middle Works*, vol. 4, p. 14.

peranza mejor: la esperanza de que podríamos hacer un mundo nuevo para que nuestros descendientes vivieran en él, un mundo con más variedad y libertad del que efectivamente podíamos imaginar. No estamos en condiciones de visualizar los detalles de ese mundo humano adulto, más evolucionado, como nuestros ancestros de la Edad de Bronce no estuvieron en condiciones de visualizar los detalles del nuestro.

II. UN MUNDO SIN SUBSTANCIAS O ESENCIAS

UNO DE LOS HECHOS salientes de la filosofía occidental contemporánea es que los no angloparlantes no leen mucha filosofía escrita en inglés, y a la inversa. La sima entre la llamada filosofía "analítica" y la denominada filosofía "continental" no muestra signos de poder ser salvada. Me parece una lástima porque creo que el trabajo más interesante que se hace en ambas tradiciones en gran medida se superpone. En esta conferencia intentaré esquematizar un modo de ver las cosas que es común a los filósofos que más admiro de ambos lados de la sima.

La manera más rápida de expresar ese denominador común es diciendo que filósofos tan distintos como William James y Friedrich Nietzsche, Donald Davidson y Jacques Derrida, Hilary Putnam y Bruno Latour, John Dewey y Michel Foucault son antidualistas. Esto no significa que estén en contra de las oposiciones binarias: no resulta claro que el pensamiento sea posible sin hacer uso de tales oposiciones. Significa, más bien, que tratan de sacarse de encima las influencias de los dualismos peculiarmente metafísicos que la tradición filosófica occidental heredó de los griegos: esencia y accidente, sustancia y propiedad y apariencia y realidad. Tratan de reemplazar las imágenes del mundo construidas con la ayuda de esas oposiciones griegas por la imagen de un flujo de relaciones continuamente cambiantes, de relaciones sin términos, de relaciones entre relaciones. Una de las consecuencias de ese panrelacionismo es la que discutí en el primer capítulo: nos permite hacer a un lado la distinción entre sujeto y objeto, entre los elementos del conocimiento humano que proporciona la mente y los que proporciona el mundo. Con ello, nos ayuda a hacer a un lado la teoría de la verdad como correspondencia.

En varias tradiciones occidentales se han atribuido diversas etiquetas y eslóganes a ese movimiento antiesencialista, antimetafísico. Entre las etiquetas tenemos, por ejemplo, existencialismo, deconstruccionismo, holismo, pragmatismo, posestructuralismo, posmodernismo, witggenstenianismo, antirrealismo y hermenéutica. Entre los eslóganes se cuentan: "Todo es una construcción social" y "Toda aprehensión es una cuestión lingüística". El primer eslogan es característicamente europeo y quienes lo usan parten, a menudo, de Foucault. El segundo fue acuñado por un gran pensador norteamericano, Wilfrid Sellars, y el rótulo que eligió para el sistema de pensamiento que compendia el eslogan fue "nominalismo psicológico".

A modo de una primera ilustración de la convergencia entre la filosofía analítica y la continental, quiero mostrar cómo esos dos eslóganes vienen a parar en lo mismo. Los dos son maneras de decir que nunca tenemos que ubicarnos fuera del lenguaje, nunca aprehender la realidad sin la mediación de una descripción lingüística. De modo que los dos son maneras de decir que debemos sospechar de la distinción griega entre la apariencia y la realidad y que tenemos que tratar de reemplazarla por algo como "una descripción menos útil del mundo" o "una descripción más útil del mundo". Decir que todo es una construcción social es afirmar que nuestras prácticas lingüísticas están tan unidas a otras prácticas sociales que nuestras descripciones de la naturaleza, como las de nosotros mismos, serán siempre

una función de nuestras necesidades sociales.[1] Decir que toda aprehensión es una cuestión lingüística equivale a decir
que no tenemos conocimiento del tipo que Bertrand Russell, en la tradición del empirismo británico, llamó "conocimiento directo". Todo nuestro conocimiento es del tipo de
lo que Russell denominó "conocimiento por descripción".
Si ponemos los dos eslóganes juntos obtenemos la afirmación de que todo nuestro conocimiento es conocimiento
bajo descripciones que resultan adecuadas para nuestros
propósitos sociales corrientes.

Esta afirmación es antimetafísica en el sentido lato del
término "metafísica" en el que Heidegger dijo que todo platonismo es metafísica y toda metafísica es platonismo. En
este sentido amplio, el platonismo propone librarse de la sociedad, del *nomos*, de la convención, y volverse hacia la
physis, la naturaleza. Pero si los dos eslóganes que he citado
son correctos, entonces no hay tal cosa como una *physis* a
ser conocida. La distinción *nomos-physis*, convención-natu-
raleza, se desvanece por la misma razón que se desvanece la
distinción apariencia-realidad. Porque una vez que se ha dicho que toda aprehensión es una aprehensión bajo una descripción y que las descripciones son una función de las necesidades sociales, entonces "naturaleza" o "realidad" sólo
pueden ser nombres de algo no cognoscible, algo como "la
cosa en sí" de Kant. Desde los tiempos de Hegel, la dinámi-

---

[1] En términos de Foucault, esto puede expresarse diciendo que la
verdad nunca va a estar separada del poder, pero ese poder no es algo
malo en sí mismo. El poder de una comunidad igualitaria utópica que
crea sujetos foucaultianos vía un biopoder es una cosa *buena*. Foucault
no creyó en un sujeto rousseauniano, primordial, naturalmente bueno,
no formado por el discurso del poder. Pero su tendencia a desconfiar de
todas las formas de autoridad lo llevó, ocasionalmente, a jugar con esa
amable ficción.

ca del pensamiento filosófico occidental ha consistido en el intento de evitar esa realidad no cognoscible.

Kant produjo un cambio decisivo en la historia de la filosofía occidental porque ofreció una *reductio ad absurdum* de la tentativa de distinguir en la constitución del conocimiento el papel del sujeto y el papel del objeto. Hegel se dio cuenta de ello, y advirtió además que las distinciones entre lo objetivo y lo subjetivo tenían que ser superadas. Desafortunadamente, Hegel usó los términos "subjetivo" y "objetivo" para describir la secuencia de descripciones que las sucesivas necesidades sociales vuelven forzosas por el continuo progreso moral e intelectual, y usó el término "unión del sujeto y el objeto" para describir el final de la historia. Eso fue un error, porque tomó demasiado en serio un dualismo anticuado. Habría sido mejor que Hegel hubiera hecho lo que más tarde hizo Dewey: describir el progreso moral e intelectual como crecimiento y no como emancipación, considerando que conducía a la democracia más que a la autorrealización del Espíritu Absoluto. Dewey fue el filósofo que con más claridad y de manera más explícita dejó a un lado la meta común de los griegos y de los idealistas germanos (una representación precisa de la realidad) en favor de la meta política de la democracia participativa. Ésta es la razón por la cual, como dije en el primer capítulo, me parece que es la figura más provechosa y significativa de la filosofía de nuestro siglo.

Sin embargo, antes de considerar en profundidad a Dewey y el pragmatismo, es necesario convencerse de que la búsqueda en la que se empeñó Platón, el intento de ir de la apariencia a la naturaleza intrínseca de la realidad, es vana. Quiero, pues, recapitular la dialéctica que conduce al nominalismo psicológico de Sellars y, así, indirectamente, al construccionismo social común a Foucault y a Dewey.

Desde el siglo XVII, los filósofos han sugerido que es posible que nunca conozcamos la realidad porque hay una barrera entre nosotros y ella, un velo de apariencias, producido por la interacción del sujeto y el objeto, entre la constitución de nuestros órganos sensoriales o nuestras mentes y la manera en que las cosas son en sí mismas. A partir de Herder y Humboldt los filósofos han sugerido que el *lenguaje* constituye esa barrera, que nuestro lenguaje impone a los objetos categorías que pueden no serles intrínsecas. Respecto del velo de apariencias, los pragmatistas respondieron a la tesis de los filósofos del siglo XVII diciendo que no es necesario modelizar el conocimiento ateniéndonos a la visión. No hay necesidad de concebir los órganos sensoriales o la mente como intermediarios entre un ojo mental y su objeto. Afirmaron que, en cambio, podemos pensar a ambos como instrumentos para manipular el objeto. Los argumentos acerca del efecto distorsionante del lenguaje fueron rebatidos, a su vez, sosteniendo que el lenguaje no es un medio de representación sino un intercambio de marcas y de sonidos que se lleva a cabo para alcanzar ciertos propósitos. No puede fallar en la representación correcta, porque no representa.

Los pragmatistas insisten en los modos no oculares, no representacionales de describir la percepción sensorial, el pensamiento y el lenguaje, porque quieren romper la distinción entre conocer cosas y usarlas. Parten de la afirmación de Bacon de que el conocimiento es poder, y pasan a la afirmación de que es el poder lo que concierne al conocimiento, que afirmar que se sabe X es afirmar que se está en condiciones de hacer algo con X o a X, al poner a X en relación con algo más. Sin embargo, para hacer plausible esa afirmación, los pragmatistas tienen que atacar la idea de que conocer X es estar relacionado con algo *intrínseco* a X, mientras que usar X es estar en una relación accidental, *extrínseca* a X.

Para atacar esta idea se tiene que quebrar la distinción
entre intrínseco y extrínseco, entre el núcleo interior de X y
el área periférica de X constituida por el hecho de que X está en ciertas relaciones con otros ítems que constituyen el
universo. Llamaré antiesencialismo al intento de quebrar
esa distinción. Para los pragmatistas no hay nada que sea
un rasgo no relacional de X, así como no hay una cosa que
sea la naturaleza intrínseca, la esencia, de X. De modo que
no puede haber algo así como una descripción que se ajuste
a la manera en que X realmente es, más allá de su relación
con las necesidades humanas o la conciencia o el lenguaje.
Una vez que la distinción entre intrínseco y extrínseco desa-
parece, también desaparecen la distinción entre la apariencia y la realidad y nuestras preocupaciones acerca de si
existen barreras entre nosotros y el mundo.

El término "objetivo" no es definido por los antiesencialistas en términos de una relación con los rasgos intrínsecos de los objetos, sino por referencia a la facilidad relativa de lograr consenso entre los indagadores. Así como la
distinción apariencia-realidad es reemplazada por distinciones sobre la utilidad relativa de las descripciones, la distinción objetivo-subjetivo es reemplazada por distinciones sobre la facilidad relativa de obtener acuerdo. Decir que los
valores son más subjetivos que los hechos es decir que es
más difícil conseguir acuerdo respecto de qué cosas son
feas o de qué acciones son malas que respecto de qué cosas
son rectangulares. Decir que X *realmente* es azul aun cuando aparezca amarillo desde cierto ángulo es decir que la
oración "X es azul" es más útil –esto es, puede ser empleada con más frecuencia– que la oración "X es amarillo". En
este caso, "X es amarillo" es útil sólo para propósitos oca-
sionales, evanescentes.

Una típica reacción inicial contra el antiesencialismo es
que es demasiado antropocéntrico, demasiado propenso a

considerar a la humanidad como la medida de todas las cosas. Para muchos, parecería que el antiesencialismo carece
de humildad, de misterio, de un sentido de la finitud humana. Parecería que no tiene el aprecio del sentido común por
la obstinada otredad de las cosas de este mundo. A esta
reacción de sentido común el antiesencialista responde que
el sentido común no es en sí mismo más que el hábito de
usar un cierto conjunto de descripciones. En nuestro caso,
lo que se denomina sentido común es, simplemente, el
hábito de usar el lenguaje heredado de los griegos, especialmente de Platón y de Aristóteles. Las descripciones que
dan ellos de nuestra relación con el resto del universo –descripciones que incorporan la distinción intrínseco-extrínse-
co– ya no valen para nosotros. Podemos hacer mejor las
cosas.

Platón, Aristóteles y el monoteísmo ortodoxo insisten
en la sensación de misterio y asombro ante poderes antro-
pomórficos pero no humanos. Desde un punto de vista
pragmatista, esa indeseable sensación de asombro no debe
confundirse con la deseable toma de conciencia de que hay
muchas cosas que los seres humanos no podemos controlar.
Tampoco debe confundirse con el respeto que sentimos
ante la presencia de las grandes obras de la imaginación
humana, es decir, ante esas redescripciones del universo que
hacen que todas las cosas parezcan nuevas y maravillosas.
La gran diferencia entre una sensación indeseable de humildad y una sensación deseable de finitud es que la primera
presupone que ya hay en existencia algo mejor y mayor que
lo humano. La segunda únicamente presupone que existen
cantidades de cosas que son diferentes de lo humano. La
sensación de asombro de los griegos requiere que pensemos
que hay algo lo suficientemente parecido a nosotros como
para envidiarlo, pero tan superior a nosotros como para
que nos sea escasamente inteligible. Un sentido pragmático

de los límites sólo nos exige pensar que hay proyectos para los que nuestras herramientas actuales son inadecuadas y que tenemos la esperanza de que, en ese aspecto, el futuro sea mejor que el pasado.

Otra diferencia es que las descripciones griegas de nuestra situación presuponen que la humanidad misma posee una naturaleza intrínseca, que hay algo inalterable llamado "lo humano" que puede ser contrastado con el resto del universo. El pragmatismo deja a un lado esa presuposición e insta a considerar que la noción de humanidad carece de límites fijos, que la palabra "humano" nombra un proyecto impreciso pero prometedor, no una esencia. De tal modo, como dije en el primer capítulo, los pragmatistas transfieren al futuro humano la sensación de respeto y misterio que los griegos adosaron a lo no humano. Ella se transforma en la sensación de que la humanidad del futuro, aunque ligada a nosotros por una narrativa continua, será superior a lo que es la humanidad actual, de modos difícilmente imaginables. Se funde con el respeto que sentimos por las obras de la imaginación y se torna una sensación de respeto ante la aptitud de la humanidad para llegar a ser lo que una vez sólo imaginó, dada su capacidad para la autocreación.

En lo que sigue intentaré delinear cómo se muestran las cosas cuando son descriptas en términos antiesencialistas. Espero mostrar que vale la pena dar una oportunidad a esos términos, que se los podría encontrar más útiles que la terminología presupuesta en lo que Dewey llamó "la cría y el nidal de los dualismos" heredados de los griegos. Concretamente, quiero hacer una sugerencia acerca de cómo ver las cosas desde el punto de vista antiesencialista. La sugerencia es que pensemos todo como si fuera un *número*.

El sentido de mi sugerencia no es la afirmación platónica y galileana de que los números son el andamiaje del que el universo cuelga. Tampoco es la enunciación de las Escrituras de que "Dios ordenó todas las cosas por su número, medida y peso". Desde mi punto de vista, lo más sutil de los números es, simplemente, que resulta difícil pensarlos como teniendo naturalezas intrínsecas. Se hace cuesta arriba pensar un número como teniendo un núcleo esencial rodeado de una penumbra de relaciones accidentales. Los números son un ejemplo admirable de algo que es difícil de describir en un lenguaje esencialista.

Para captar lo que digo, preguntemos cuál es la esencia del número 17: qué es en sí mismo, aparte de sus relaciones con otros números. Lo que se busca es una descripción de 17 que sea de diferente *tipo* que las siguientes descripciones: menor de 23, mayor de 8, la suma de 6 y 11, la raíz cuadrada de 289, el cuadrado de 4,123105, la diferencia entre 1.678.922 y 1.678.905. Lo molesto de todas estas descripciones es que ninguna parece llevarnos más cerca del número 17 que cualquiera de las otras. Igualmente molesto es que se podría ofrecer, obviamente, un número infinito de otras descripciones de 17, todas las cuales serían igualmente "accidentales" y "extrínsecas". Ninguna de esas descripciones nos da la clave respecto de la diecisietetividad intrínseca del diecisiete, es decir, del rasgo singular que hace de él el número que es. Cuál de esas descripciones uno utiliza es, obviamente, algo relacionado con el propósito que se tiene en mente, con la situación particular que causó que uno pensara, antes que nada, en el número 17.

Si se quiere ser esencialista respecto del número 17 se tiene que decir, en jerga filosófica, que *toda* la enorme cantidad de diferentes relaciones que tiene con una enorme cantidad de números son relaciones internas, esto es, que ninguna de esas relaciones podría ser diferente sin que el número 17 fuera diferente. De modo que parece no haber manera de definir la esencia de la diecisietetividad que no sea encontrando algún mecanismo para generar *todas* las descripciones verdaderas del diecisiete que especifique todas sus relaciones con *todos* los otros números. Los matemáticos pueden producir ese mecanismo axiomatizando la aritmética o reduciendo los números a conjuntos y axiomatizando la teoría de conjuntos. Pero si el matemático señala su pulcro grupo de axiomas y dice "¡He aquí la esencia del diecisiete!" nos sentiremos defraudados. Esos axiomas no tienen nada peculiarmente diecisietetivo, porque son, igualmente, la esencia de 1, de 2, de 289 y de 678, de 922...

Llegado a este punto tengo la esperanza de que se concluya que cualquiera sea el tipo de cosas que poseen una naturaleza intrínseca, los números no la tienen; sencillamente, ser esencialista en materia de números no da rédito. Los antiesencialistas desearíamos que se concluya que tampoco da rédito ser esencialista en materia de mesas, estrellas, electrones, seres humanos, disciplinas académicas, instituciones sociales, o lo que sea. Sugerimos que se piense que todos esos objetos se parecen a los números en lo siguiente: nada hay para conocer acerca de ellos como no sea una extensa y siempre expandible trama de relaciones con otros objetos. No tiene sentido preguntar por los términos de relaciones que no sean en sí mismos relaciones, porque todo lo que puede servir como término de una relación puede ser disuelto en otro conjunto de relaciones, y así sucesivamente. Por decir así, hay relaciones en toda dirección, hacia abajo, hacia afuera. Nunca se alcanza algo que no sea otro nexo de relaciones. El sistema de los números naturales es un buen modelo del universo porque en ese sistema resulta obvio –con una obviedad inofensiva– que no hay términos de relaciones que no sean, simplemente, agrupamientos de otras relaciones.

Decir que hay relaciones en toda dirección es un corolario del nominalismo psicológico, de la doctrina que afirma
que no hay nada para conocer acerca de algo, salvo lo que
es enunciado en las oraciones que lo describen, porque cada
oración acerca de un objeto es una descripción explícita o
implícita de su relación con otro u otros objetos. De modo
que si no hay conocimiento directo, si no hay ningún conocimiento que no se dé bajo la forma de una actitud oracio-
nal, entonces no hay nada que se pueda saber acerca de algo
que no sean sus relaciones con otras cosas. Insistir en que
hay una diferencia entre el *ordo essendi* no relacional y el
ordo cognoscendi relacional es recrear inevitablemente la
cosa en sí kantiana. Dar ese paso es sustituir las esperanzas
utópicas en un futuro humano autoconstruido por la nostal-
gia de lo inmediato, por la esperanza en la salvación a través de un poder no humano. Es reinventar lo que Heidegger
denominó "la tradición ontoteológica".

Para los nominalistas psicológicos, ninguna descripción
de un objeto es más una descripción del objeto "real" –como opuesto al objeto "aparente"– que cualquier otra; tampoco ninguna descripción es, por así decir, una descripción
de la relación del objeto consigo mismo, de la identidad
con su propia esencia. Sin duda, algunas descripciones son
mejores que otras. Pero este rasgo tiene que ver con el hecho de que son instrumentos más útiles, instrumentos que
logran algún propósito humano mejor que otras descripciones alternativas. Desde un punto de vista filosófico –en
tanto opuesto a un punto de vista práctico–, los propósitos
están a la par. No hay un propósito primordial denominado "descubrir la verdad" que tenga precedencia sobre los
demás. Como dije en el capítulo anterior, el pragmatismo
no cree que la verdad sea la meta de la indagación. La meta
de la indagación es la utilidad, y existen tantos instrumentos diferentes como propósitos a satisfacer.

Para mostrar con más detalle cómo se ven las cosas desde la perspectiva antiesencialista volveré a mi afirmación de que los números son un buen modelo para los objetos en general. El sentido común –o, al menos, el sentido común occidental– tiene problemas con esta afirmación porque parece contraintuitivo decir que los objetos espaciotemporales, físicos, se disuelven en una trama de relaciones, de la misma manera que los números. Si la filosofía disuelve los números en relaciones con otros números, nadie va a lamentar la pérdida de su realidad sustancial, independiente, autónoma. Pero todo es diferente con las mesas, las estrellas y los electrones. En este caso, el sentido común se pone firme y asevera que no podemos tener relaciones sin algo que sea relacionado. Si no hubiera una mesa sólida, sustancial, autónoma que estuviera en relación, digamos, con usted, yo y la silla, o si no estuviera constituida por partículas sólidas, sustanciales, elementales, no habría nada que relacionar y, de tal modo, no habría relaciones. El sentido común insiste: hay una diferencia entre las relaciones y las cosas que son relacionadas y la filosofía no puede destruir esa relación.

La respuesta antiesencialista a esta porción del sentido común es similar a la que Berkeley dio al intento de Locke de distinguir las cualidades primarias de las secundarias. Es la respuesta que Peirce citó como la primera propuesta del principio pragmático: toda diferencia debe producir una diferencia en la práctica.[2] La forma contemporánea, en clave

---

[2] Véase la nota bibliográfica de Peirce a la edición de Fraser de la obra de Berkeley, reproducida en el volumen 8 de *Collected Papers of Charles Sanders Peirce* (Cambridge, Mass.: Harvard University Press, 1958), especialmente pp. 33-34 (sección 8.33). Véase también el volumen 6, p. 328 (sección 6.482).

lingüística, de la respuesta de Berkeley es: todo lo que sabemos acerca de esta mesa sólida, sustancial –acerca de lo
que es relacionado en tanto opuesto a sus relaciones– es
que ciertas oraciones son verdaderas respecto de ella. Las
siguientes oraciones, por ejemplo: es rectangular, es marrón, es fea, está hecha de madera, es más chica que una
casa, es más grande que un ratón, es menos luminosa que
una estrella, etcétera. No hay nada que pueda conocerse
acerca de un objeto, excepto qué oraciones referidas a él
son verdaderas. Así, el argumento antiesencialista consiste
en decir que, dado que todo lo que las oraciones pueden
hacer es relacionar objetos entre sí, toda oración que des-
cribe un objeto le atribuirá, implícita o explícitamente, una
propiedad relacional.[3] Los antiesencialistas tratamos de
sustituir la imagen del lenguaje como un velo interpuesto
entre nosotros y los objetos por la del lenguaje como una
manera de enganchar los objetos unos con otros.

   [3] Las propiedades usualmente denominadas "no relacionales" (por
ejemplo, "rojo", como opuesta a "estar a la izquierda") son tratadas
por los nominalistas psicológicos como propiedades significadas por
predicados que, por algún propósito, son considerados primitivos. Pero
el carácter primitivo del predicado no es intrínseco a él, sino que es relativo a la manera de enseñar o de exhibir el uso del predicado. La no relacionalidad putativa de una propiedad significada por un predicado es
relativa a cierta manera de describir la serie de objetos que tienen ese
predicado. No es un rasgo intrínseco de la propiedad. Una manera de
exponer la lección que nos enseñaron Saussure y Wittgenstein es decir
que ningún predicado es intrínsecamente primitivo. Una manera de expresar el corolario extraído por Derrida es decir que todo predicado de-
nota una propiedad, que no tiene sentido tratar de distinguir entre predicados que refieren y predicados que no refieren (excepto, nuevamente,
que los distingamos por algún propósito práctico, como cuando se usa
"pero no hay brujas" como abreviatura de todas las razones que tornan
infructuoso practicar la caza de brujas).
   Para una formulación clara y decidida del punto de vista antinomi-
nalista, antipragmatista, véase John Searle, *The Rediscovery of the*

Típicamente, los esencialistas sostienen en este punto que el nominalismo psicológico es un error, que tenemos que recuperar lo que era verdad en el empirismo: no admitir que el lenguaje proporciona el único acceso cognitivo a los objetos. Sugieren que tenemos que tener un conocimiento prelingüístico de los objetos, un conocimiento que no puede ser atrapado en el lenguaje. Ese conocimiento, dicen, es lo que impide que la mesa o el número o el ser humano sean lo que denominan "un *constructo* meramente lingüístico". Para ilustrar lo que quiere decir con conocimiento no lingüístico, el esencialista usualmente golpea su mano en la mesa, y no vacila. Con ello pretende demostrar que ha adquirido un trozo de conocimiento, una especie de intimidad con la mesa que escapa al alcance del lenguaje. El esencialista afirma que ese conocimiento de los *poderes causales intrínsecos* de la mesa es un puro *allí* en bruto que lo mantiene en contacto con la realidad de una manera imposible para el antiesencialista.

No afectado por la sugerencia de que no está en contacto con la realidad, el antiesencialista reitera que si se quiere saber qué es realmente, intrínsecamente, la mesa, la mejor respuesta que se puede obtener es "aquello con respecto a lo cual los siguientes enunciados son verdaderos: marrón, fea, dolorosa ante un movimiento enérgico de la mano, capaz de interponerse en el camino, hecha de átomos, etcétera". El carácter doloroso, la solidez y los poderes causales de la mesa están en el mismo plano que su color marrón y su fealdad. Así como no intimamos más con el número 17

Mind (Cambridge, Mass.: MIT Press, 1992), p. 211. El contraste que Searle traza entre los rasgos intrínsecos del mundo, como las moléculas, y los rasgos relativos-al-observador, como un lindo día para un picnic, sólo expresa para los pragmatistas una preferencia por los propósitos de los físicos en detrimento de los de los concurrentes a picnics.

cuando descubrimos su raíz cuadrada, no intimamos más con la mesa, no nos arrimamos a su naturaleza intrínseca, cuando la golpeamos, la miramos o hablamos de ella. Todo lo que hace el golpearla o descomponerla en átomos es permitirnos relacionarla con unas cuantas cosas más. Ello no nos conduce del lenguaje al hecho o de la apariencia a la realidad o de una relación remota y no interesada a una relación más íntima e intensa. El objetivo de todo esto es señalar, nuevamente, que el antiesencialista niega que haya una manera de separar un objeto del resto del universo *excepto* como aquel objeto del que es verdadero un cierto conjunto de oraciones. Dice, con Wittgenstein, que la ostención sólo funciona con el trasfondo de una práctica lingüística y que la autoidentidad de la cosa identificada es, en sí misma, relativa a una descripción.[4] El antiesencialismo piensa que la distinción entre cosas relacionadas y relaciones es, simplemente, una manera alternativa de formular la distinción entre aquello de lo que estamos hablando y lo que decimos acerca de ello. Como dijo Whitehead, esta distinción es una hipostatización de la relación entre sujeto lingüístico y predicado lingüístico.[5]

⁴ Sobre la importancia fundamental de la observación de Wittgenstein, véase Barry Alen, *Truth in Philosophy* (Cambridge: Harvard University Press, 1993).

⁵ Resulta útil pensar esta crítica de Whitehead a Aristóteles (una crítica que también se encuentra en otros filósofos de comienzos de siglo que trataron de formular una lógica no basada en la distinción sujeto-predicado, por ejemplo, Peirce y Russell) como análoga a la crítica de Derrida al logocentrismo. La propuesta de Derrida de visualizar las palabras como nodos insertos en una red de relaciones de una flexibilidad sin fin es obviamente reminiscente del planteo que Whitehead formula en *Process and Reality* de la ocasiones efectivas como constituidas por las relaciones con todas las otras ocasiones efectivas. Sospecho que el siglo XX va a ser visto por los historiadores de la filosofía como el perío-

Así como la proferencia de un nombre no transmite información a quienes no tienen familiaridad con los adjetivos y los verbos, no hay manera de transmitir información sino relacionando algo con algo más. Frege nos dijo que una palabra sólo tiene sentido en el contexto de una oración. Pero esto significa que no hay manera de salirse del lenguaje para acceder a alguna forma inmediata no lingüística de relación directa con aquello de lo que estamos hablando. Un sustantivo tiene uso solamente cuando está conectado con alguna otra parte del habla, y un objeto puede ser un objeto del conocimiento sólo como término de una relación. No hay conocimiento del sujeto si no se sabe cuáles de las oraciones que se refieren a él son verdaderas, así como no hay conocimiento de un número si no se tiene conocimiento de sus relaciones con otros números.

La idea de que podemos conocer una cosa sin conocer sus relaciones con otras cosas es explicada por los antiesencialistas como una reflexión acerca de la diferencia entre estar en lo cierto respecto de algunas relaciones familiares, presupuestas, obvias, en las que la cosa está y no tener certidumbre respecto del resto de sus relaciones. El diecisiete, por ejemplo, comienza siendo la suma de diecisiete unos, el número entre dieciséis y dieciocho, etcétera. Contando con enunciados familiares de este tipo, comenzamos a pensar en el diecisiete como una cosa que espera ser relacionada con otras. Cuando se nos dice que diecisiete es también la diferencia entre 1.678.922 y 1.678.905 sentimos que hemos tomado conocimiento de una conexión muy remota,

do en el que se desarrolló, con distintas modalidades, una especie de panrelacionismo neoleibniziano, un panrelacionismo que replantea la idea de Leibniz de que cada mónada no es otra cosa que todas las otras mónadas vista desde cierta perspectiva, que cada substancia es nada más que sus relaciones con todas las otras substancias.

no esencial, entre él y algo, más que del *número diecisiete mismo*. Pero si se nos apremia, tenemos que admitir que la relación entre 17 y 1.678.922 no es ni más ni menos intrínseca que la que se da entre 16 y 17. En el caso de los números, no se puede otorgar al término "intrínseco" un sentido claro. No queremos realmente decir, en lo íntimo, que se *siente* a 17 más cerca de 16 que de los números más alejados en la serie.

Los antiesencialistas sugieren que también tenemos que rechazar la cuestión de si la solidez de la mesa es más intrínseca a la mesa que el color o si la constitución atómica de la estrella Polaris le es más intrínseca que su ubicación en la constelación. La cuestión de si realmente existen cosas tales como las constelaciones o si son meras ilusiones producidas por el hecho de que no podemos distinguir visualmente la distancia de las estrellas suena tan mal a los antiesencialistas como la cuestión de si realmente hay cosas tales como los valores morales o si son meras proyecciones de los deseos humanos. Los antiesencialistas proponen rechazar todas las cuestiones acerca de dónde termina una cosa y dónde comienzan sus relaciones, todas las cuestiones relativas a dónde comienza su naturaleza intrínseca y dónde empiezan sus relaciones, todas las cuestiones acerca de dónde concluye el núcleo esencial y dónde comienza la periferia accidental. Al antiesencialista le gusta preguntar, con Wittgenstein, si un tablero de ajedrez *realmente* es una cosa o sesenta y cuatro cosas. Plantear esa pregunta, piensa, es poner en evidencia su necedad, su carencia de interés. Las cuestiones que tienen sentido son las que satisfacen el requerimiento de William James de que toda diferencia tiene que *producir* una diferencia. Otras cuestiones –como las referentes a la condición ontológica de las constelaciones o de los valores morales– son "meramente verbales" o, peor aún, "meramente filosóficas".

A esto, el esencialismo residual del sentido común puede contestar que el antiesencialismo es una especie de idealismo lingüístico: una manera de sugerir que realmente no hay nada acerca de qué hablar antes de que la gente comience a hablar, que los objetos son artefactos del lenguaje. Pero esa respuesta supone confundir la pregunta "¿cómo identificamos los objetos?" con la pregunta "¿anteceden los objetos a nuestra identificación?" El antiesencialista no pone en duda que ha habido árboles y estrellas antes de que hubiera enunciados acerca de los árboles y las estrellas. Pero el hecho de la existencia anterior no sirve para dar sentido a la pregunta "¿qué son los árboles y las estrellas aparte de sus relaciones con otras cosas, aparte de nuestros enunciados acerca de ellos?" Tampoco ayuda a dar sentido a la afirmación escéptica de que los árboles y las estrellas tienen esencias no relacionales, intrínsecas, que pueden estar, ¡ay!, más allá de nuestra comprensión. Si esa afirmación va a tener un sentido claro, tenemos que estar en condiciones de decir algo más acerca de *qué* está más allá de nuestra comprensión, de qué estamos privados. De otro modo, tenemos que cargar con la cosa en sí incognoscible de Kant. Desde la perspectiva antiesencialista, el lamento kantiano de que estamos por siempre aprisionados en el velo de la subjetividad es, meramente, la afirmación inútil, por tautológica, de que algo que hemos definido como estando más allá de nuestro conocimiento está, ¡ay!, más allá de nuestro conocimiento.

La imagen que el esencialista propone de la relación entre el lenguaje y el mundo lo conduce a la afirmación de que el mundo es identificable con independencia del lenguaje. Ésta es la razón por la que tiene que insistir en que el mundo es conocido, inicialmente, a través de un tipo de encuentro no lingüístico, dándonos de narices con él o dejando que reboten en él algunos fotones de nuestras retinas.

Este encuentro inicial es un encuentro con el mundo en sí mismo, con el mundo tal como es intrínsecamente. Cuando intentamos recapturar en el lenguaje lo que aprendemos de ese encuentro nos vemos frustrados por el hecho de que las oraciones de nuestro lenguaje sólo relacionan unas cosas con otras cosas. Las oraciones "esto es marrón" o "esto es cuadrado" o "esto es duro" nos dicen algo acerca de cómo nuestro sistema nervioso trata con las emanaciones que provienen de la vecindad del objeto. Oraciones como "está ubicado en las siguientes coordenadas espaciotemporales" son, aun de modo más obvio, oraciones que dicen acerca de lo que los esencialistas llaman, con tristeza, "propiedades meramente relacionales, meramente accidentales".

Ante esta impasse, el esencialista está tentado a pedir ayuda a la ciencia natural. Se inclina a decir que una oración como "está hecho del siguiente tipo de partículas elementales compuestas de las siguientes maneras" nos conduce dentro del objeto tal cual es. La última línea de defensa de los filósofos esencialistas es la creencia de que la ciencia física nos permite salir fuera de nosotros mismos, fuera de nuestro lenguaje, de nuestras necesidades y de nuestros propósitos a algo espléndidamente no humano y no relacional. Los esencialistas que se repliegan a esta línea argumentan que los corpuscularistas del siglo XVII, como Hobbes y Boyle, estaban en lo correcto al distinguir entre los rasgos de las cosas que están realmente "en" ellas y los que es útil decir que tienen, para propósitos humanos.

Para nosotros, los antiesencialistas, las descripciones de los objetos en términos de las partículas elementales son útiles de maneras muy diferentes, de tantas maneras como la física de partículas puede contribuir a los avances tecnológicos o a las redescripciones imaginativas, astrofísicas, del universo como un todo. Pero este tipo de utilidad es su *única* virtud. Para los filósofos esencialistas y para muchos científicos de las ciencias naturales, quienes por lo demás no se dedican a la filosofía, este enfoque pragmático de la física como criada de la tecnología y de la imaginación poética resulta ofensivo. Ellos comparten la idea de que la física de partículas –o, más en general, todo vocabulario científico que podría en principio servir para formular explicaciones de cualquier fenómeno– es un ejemplo del tipo de verdad que el pragmatismo no reconoce. Este tipo de verdad no tiene que ver con la utilidad de una descripción para propósitos humanos, sino con la trascendencia de lo meramente humano. La física de partículas se ha transformado, nos dicen, en el último refugio de la sensación griega de asombro, de la sensación de un encuentro con el casi Totalmente Otro [*Wholly Other*].[6]

¿Por qué la física de partículas parece dar a la noción de "naturaleza intrínseca" un nuevo aliento de vida? Creo que la respuesta es que el vocabulario de esta rama de la física parecería ofrecer un tipo especial de dominio y de autoseguridad, porque puede ("en principio") explicar la utilidad de todas las descripciones, incluidas las propias. Una psicofísica ideal consideraría a los seres humanos como torbellinos de partículas y proporcionaría explicaciones de por qué esos organismos han desarrollado ciertos hábitos lingüísticos, es decir, por qué han descripto el mundo de la manera en que lo han hecho. Al parecer, pues, una física ideal podría tratar la utilidad de los seres humanos como algo en sí mismo explicable, subsumible, capaz de ser puesto en foco y en perspectiva. Cuando pensamos en el univer-

---

[6] Como ejemplos de la especie de glorificación de las partículas elementales, que tengo en mente, véase el pasaje de John Searle citado en la nota 4 y, también David Lewis, "Putnam's Paradox" (*Australasian Journal of Philosophy*, 1983). Discuto brevemente el artículo de Lewis en las páginas 7 y siguientes de *Objectivity, Relativism and Truth*.

so en términos de la dispersión e interacción de partículas parece que nos elevamos por encima de las necesidades humanas y las contemplamos desde lo alto. Parecería que nos tornamos un poco más que humanos, porque nos hemos distanciado de nuestra propia humanidad y nos visualizamos desde una perspectiva no humana, en el contexto más amplio posible.

Para nosotros, antiesencialistas, la tentación de pensar que hemos eludido nuestra finitud humana viéndonos a nosotros mismos bajo el aspecto de las partículas elementales es un nuevo intento de crear una divinidad y de reclamar, entonces, una porción de la vida divina. El problema con tales intentos es que la necesidad de ser Dios es una necesidad humana más. O, para decirlo de manera menos odiosa, que el proyecto de ver todas nuestras necesidades desde el punto de vista de alguien que no tiene esas necesidades es, precisamente, un proyecto humano más. La ausencia estoica de pasión, la ausencia Zen de voluntad, el *Gelassenheit* de Heidegger y la física-como-la-concepción-absoluta-de-la-realidad son, desde este ángulo, variaciones de un proyecto único: el de escapar al tiempo y al azar.[7]

Pero los antiesencialistas no podemos burlarnos de ese proyecto. Porque no podemos permitirnos burlarnos de *ningún* proyecto humano, de ninguna forma elegida de vida humana. En especial, no debemos permitirnos decir lo que acabo de decir: que adoptando el punto de vista de la ciencia física *parecería* que nos vemos como más que humanos. Porque un antiesencialista no puede invocar la distinción apariencia-realidad. No podemos decir que el modo en que nuestros oponentes conciben la física es erróneo,

---

que yerra respecto de su naturaleza intrínseca, que sustituye lo que es accidental e inesencial por lo que es en sí mismo. Desde nuestra perspectiva, la física no tiene una naturaleza intrínseca, como no la tiene el número 17. Igual que el número 17, es susceptible de ser descripta de una infinidad de maneras, ninguna de las cuales es "privilegiada". Vernos a nosotros mismos como participando en la vida divina, al describirnos bajo el manto de la eternidad, no es una ilusión o una confusión: es una manera más de satisfacer una necesidad humana más. Es un proyecto humano que, como todos los proyectos humanos, eclipsa la posibilidad de otros proyectos incompatibles.

Los antiesencialistas tampoco podemos decir impunemente que nuestros oponentes esencialistas piensan, de manera errónea, que han "eludido la finitud humana". La finitud humana no es una verdad última, como si los seres humanos fuéramos *intrínsecamente* finitos. Desde nuestra perspectiva, los seres humanos son lo que se hacen a sí mismos y una de las maneras en que se quisieron hacer a ellos mismos es la de una divinidad, lo que Sartre llamó "ser en sí y para sí". Los antiesencialistas no podemos decir, concordando con Sartre, que se trata de una "pasión inútil", fútil. Los sistemas metafísicos de Aristóteles y de Spinoza no son ejercicios de futilidad, como tampoco lo son los sistemas antimetafísicos de William James, Nietzsche y Sartre. No existe una verdad ineludible que los metafísicos o los pragmatistas traten de eludir o de captar, porque cualquier candidato a la verdad puede ser eludido mediante la elección de una descripción adecuada o puede ser suscripto sobre la base de una elección diferente.

¿Qué decir de la proposición sartreana de que "los seres humanos son lo que se hacen ellos mismos", que he identificado como una doctrina antiesencialista? ¿Es acaso verdadera? Bien, es verdadera en el mismo sentido en que son verdaderos para la aritmética los axiomas de Peano. Esos axiomas resumen las implicaciones del uso de cierto vocabulario: el de los números. Supongamos que alguien no tiene interés en hacer uso de ese vocabulario. Supongamos, por ejemplo, que alguien desea privarse de las ventajas de contar y calcular, que está ansioso por hablar un lenguaje en el que no se menciona el número 17. Para esa persona los axiomas de Peano no son candidatos a la verdad, no tienen pertinencia en sus proyectos.

Lo mismo ocurre con la proposición sartreana. Ella sintetiza cierto punto de vista acerca de los tipos de proyecto que es mejor desarrollar. Sin embargo, si nuestros proyectos son religiosos o metafísicos y si deseamos, en consecuencia, renunciar a las ventajas de los tipos de sociedad igualitaria y de arte romántico, cuyas implicaciones Sartre sintetiza, entonces la proposición de Sartre no es candidata a la verdad. Si se quiere, se la puede calificar de falsa, pero esa falsedad no es como la falsedad de un candidato a la verdad que ha sido testeado y que resulta deficiente. Es, más bien, algo que tiene que ver con una obvia *irrelevancia*: la incapacidad obvia de ser de alguna utilidad para nuestros propósitos. Proponer la descripción sartreana a un spinozista es como poner una bomba de bicicleta en manos de un cavador de zanjas o una vara de medir en manos de un neurocirujano: no son siquiera *candidatos* a ser útiles.[8]

¿No hay, entonces, ninguna discusión posible entre Sartre y Spinoza, ninguna comunicación entre Peano y el antitecnólogo? En este punto, es importante determinar si estamos hablando de "discusión" o de "comunicación". Uno

---

[8] La mejor exposición del contraste entre las proposiciones que son candidatas a la verdad y las que no lo son se encuentra en el famoso ensayo de William James "The Will to Believe", cuando discute la diferencia entre "vivo" y "muerto".

puede estar comunicado y estar en desacuerdo sin involucrarse en una discusión. No hay duda de que eso nos ocurre a menudo. Es lo que sucede cuando descubrimos que no podemos encontrar premisas comunes, cuando tenemos que concordar en que diferimos, cuando empezamos a hablar de "gustos diferentes". La comunicación no requiere más que el acuerdo en usar los mismos instrumentos para satisfacer necesidades compartidas. La discusión exige el acuerdo acerca de cuáles son las necesidades que tienen prioridad. El lenguaje y el sentido común que comparten el spinozista y el sartreano reflejan el hecho de que ambos necesitan comida, sexo, albergue, libros y muchas otras cosas, y que intentan conseguirlas de modos muy parecidos. Su falta de aptitud para *discutir* provechosamente cuestiones filosóficas refleja el hecho de que ninguno otorga mucho peso a las necesidades que llevaron al otro a filosofar. De modo similar, la falta de aptitud de dos pintores para concordar respecto de cómo pintar refleja el hecho de que ninguno da mucho peso a las necesidades que llevaron al otro a plantarse frente al caballete. Decir que esos desacuerdos son "meramente filosóficos" o "meramente artísticos" es decir que cuando los participantes dejen a un lado la filosofía o la pintura podrán ponerse de acuerdo en colaborar en proyectos comunes.[9] Decir que pese a ello sus desacuerdos

---

[9] Esta analogía no debe ser interpretada como una teoría "estética" de la naturaleza de la filosofía ni mucho menos como una teoría "filosófica" de la naturaleza de la pintura. Los pragmatistas no hacen mucho uso de las distinciones kantianas acerca de lo cognitivo, lo moral y lo estético. No estoy tratando de decir que la filosofía es menos "cognitiva" que lo que se ha pensado, sino señalar, simplemente, la diferencia que existe entre las situaciones en las que hay un acuerdo suficiente respecto de los fines como para hacer posible una discusión fructífera sobre los medios conducentes a esos fines, y las situaciones en las que no lo hay. Pero, por supuesto, esa diferencia no es tajante. Entre la devoción ciega

filosóficos o artísticos son profundos e importantes es decir que ninguno considera los proyectos del *otro* como centrales para su vida.

Puede parecer que esta manera de ver las cosas pasa por alto el hecho de que los sartreanos a veces se vuelven spinozistas, católicos, ateos, antiesencialistas, metafísicos, pragmatistas, y viceversa. En términos más generales, puede parecer que pasa por alto el hecho de que las personas cambian sus proyectos básicos, cambian aquellas partes de su autoimagen que previamente han considerado más valiosas. Sin embargo, la cuestión es si ello ocurre alguna vez como resultado de una *discusión*. Quizás ocurra así alguna vez, pero ello es sin duda excepcional. Esas conversiones son, típicamente, una sorpresa tanto para la persona como para sus amigos. La frase "es una persona nueva, no la reconocerías" significa, típicamente, "ya no ve el sentido o la pertinencia o el interés de los argumentos que proponía desde la acera de enfrente".

Sin embargo, el sentido común, como la filosofía griega, piensa que las conversiones deberían producirse como resultado de una discusión. El sentido común espera que esas conversiones no sean como enamorarse de golpe de una persona muy diferente sino, más bien, como ir reconociendo de manera gradual la forma de la propia mente. El supuesto socrático de que las conversiones deseables son como un autodescubrimiento más que como una autotransformación requiere la doctrina platónica de que la mente humana tiene, a grandes trazos, una misma conformación: la dada por el recuerdo de las Formas. En los filósofos pos-

---

a los fines comunes y la falta de aptitud para comprender cómo puede ser que nuestro interlocutor esté tan chiflado que no comparta nuestros propios fines hay un espectro continuo.

teriores eso se transforma en la creencia en la "razón", sea como la facultad que permite penetrar en la realidad a través de las apariencias o como un conjunto de verdades elementales que moran en lo profundo de cada uno de nosotros, esperando la discusión que las traiga a la luz. Creer en la razón, en cualquiera de los dos sentidos, es creer no sólo que existe una cosa tal como la naturaleza humana, sino que esa naturaleza es algo único, algo que no compartimos con los otros animales. Este ingrediente único en los seres humanos nos hace conocedores en vez de usuarios y, así, nos hace capaces de ser convertidos mediante la discusión, en lugar de ser impelidos por fuerzas irracionales.

Los antiesencialistas no creemos, por cierto, que exista esa facultad. Dado que nada tiene una naturaleza intrínseca, tampoco la tienen los seres humanos. Pero nos gusta admitir que los seres humanos somos únicos en cierto aspecto: tenemos con otros objetos un conjunto de relaciones que ningún otro objeto tiene con algo. Más exactamente, tenemos que admitir que los seres humanos normales, adultos, socializados y entrenados adecuadamente protagonizamos un conjunto peculiar de relaciones. Los seres humanos somos capaces de usar lenguaje y, por ello, somos capaces de describir cosas. Los números y las fuerzas físicas pueden ser mayores o más grandes, pero no pueden describir a otro como mayor o más grande. Las plantas y los otros animales pueden interactuar, pero el éxito de sus interacciones no depende de que encuentren redescripciones más o menos provechosas de los otros. Nuestro éxito *es* encontrar tales redescripciones.

Darwin hizo difícil para los esencialistas pensar que los antropoides superiores habían adquirido de pronto un ingrediente adicional extra llamado "razón" o "inteligencia", en vez de contar con más astucia del tipo de la ya manifestada en los antropoides inferiores. Ésta es la razón por la cual, a partir de Darwin, los filósofos esencialistas han tendido a hablar menos de la "mente" y más acerca del "lenguaje". En nuestro siglo, palabras como "signo", "símbolo", "lenguaje" y "discurso" se han vuelto clisés filosóficos, como "razón", "ciencia" y "mente" fueron clisés en los siglos anteriores.[10] El desarrollo de las aptitudes simbólicas es susceptible, por cierto, de una explicación evolutiva en términos de una astucia creciente. Pero los filósofos esencialistas han tendido a olvidar que sustituyeron la "mente" por el "lenguaje" para dar cabida a Darwin, y que han planteado exactamente los mismos problemas acerca de él que los que sus antecesores habían planteado acerca de ella.[11]

Como dije al comienzo de este capítulo, esos problemas surgen como consecuencia de considerar el lenguaje como una tercera cosa que se interpone entre el sujeto y el objeto, formando una barrera que dificulta el conocimiento humano de cómo son las cosas en sí mismas. Sin embargo, si vamos a creer a Darwin debemos pensar que la palabra "lenguaje" no nombra una cosa con una naturaleza intrínseca propia, sino una manera de abreviar los tipos de complicadas interacciones con el resto del universo, únicas en los antropoides superiores. Estas interacciones están caracterizadas por el uso de sonidos y marcas complejas para facilitar las actividades grupales, como instrumentos que sirven para coordinar la actividad de los individuos.

[10] Véase la discusión sobre la necesidad de hablar acerca del lenguaje y la necesidad de ponerse en guardia contra la transformación de ese hablar en un clisé, en Derrida, *De la grammatologie* (París: Minuit, 1967), p. 15.

[11] He intentado plantear esta tesis in extenso en *Philosophy and the Mirror of Nature* (Princeton, N.J.: Princeton University Press, 1979), pp. 257-266.

Las nuevas relaciones en las que se encuentran esos antropoides con otros objetos están señalizadas no sólo por el uso de la marca X para dirigir la atención del resto del grupo al objeto A, sino por el uso de diferentes marcas para dirigir la atención a A. En jerga filosófica, puede decirse que el comportamiento se transforma propiamente en lingüístico sólo cuando los organismos comienzan a usar un metalenguaje semántico y son capaces de ubicar las palabras en contextos intensionales.[12] Más claramente, el comportamiento se vuelve propiamente lingüístico cuando podemos decir cosas como "también se lo llama 'Y' pero para tus propósitos deberías describirlo como X" o "tienen razón en llamarlo X pero, sin embargo, no es un X". Sólo en ese caso necesitamos utilizar nociones específicamente lingüísticas como "significado", "verdad", "referencia" y "descripción". Únicamente entonces se vuelve no sólo útil sino indispensable describir a los antropoides como "significando A mediante X" o "creyendo falsamente que todos los A son B".

Obviamente, cuando se concibe el lenguaje de esta manera darwiniana, como proporcionando instrumentos para arreglárnosla con los objetos, no para representarlos, y como proveyéndonos diferentes conjuntos de instrumentos para propósitos diferentes, se torna difícil ser esencialista. Se vuelve arduo tomar en serio la idea de que una descripción de A pueda ser más "objetiva" o "más cercana a la naturaleza intrínseca de A" que otra. La relación de los instrumentos con lo que manipulan es, simplemente, algo que tiene que ver con su utilidad para un propósito específico,

---

[12] Véase Wilfrid Sellars, *Science and Metaphysics* (Lóndres: Routledge, 1969), y Donald Davidson, "Rational Animals", en *Actions and Events: Perspectives on the Philosophy of Donald Davidson*, Ernest Lepore (Oxford, Blackwell, 1985), pp. 473-480.

no con la "correspondencia". Una sonda estomacal no está más cerca de la naturaleza humana que un estetoscopio y un voltímetro no está más cerca de la esencia de un aparato eléctrico que un destornillador. A menos que uno crea, con Aristóteles, que hay una diferencia entre conocer y usar, que existe un propósito llamado "conocer la verdad" distinto de todos los otros propósitos, no creerá que una descripción de A sea "más precisa" que otra cualquiera. Porque la precisión, como la utilidad, tiene que ver con el ajuste de la relación entre un objeto y otros objetos, con poner a un objeto en un contexto provechoso. La cuestión no pasa por lograr el objeto de manera correcta, en el sentido aristotélico de verlo como es, apartado de sus relaciones con otras cosas.

Una descripción evolutiva del desarrollo de la aptitud lingüística priva al esencialismo de asidero, así como un enfoque aristotélico del conocimiento humano no da cabida a la comprensión darwiniana del desarrollo de ese conocimiento. Pero debo advertir, nuevamente, que no sería consistente con mi antiesencialismo tratar de convencer al lector de que la manera darwiniana de concebir el lenguaje –y, por extensión, la manera pragmatista de pensar la verdad– es la manera objetivamente verdadera. Todo lo que me está permitido decir es que es una manera útil, útil para ciertos propósitos. Como toda redescripción, tiene que ser juzgada sobre la base de su utilidad para realizar cierto propósito.

Parece apropiado, pues, concluir este capítulo considerando la pregunta: ¿cuáles son las miras del antiesencialista cuando piensa que su descripción del conocimiento, de la indagación, de la cultura, es un instrumento mejor que la descripción esencialista aristotélica? He sugerido mi respuesta varias veces, pero es bueno hacerla explícita. Los pragmatistas pensamos que el antiesencialismo tiene dos ventajas. La primera es que adoptarlo hace imposible formular una cantidad apreciable de problemas filosóficos tradicionales. La segunda es que adoptarlo torna más fácil el acuerdo con Darwin. Como en mis libros (especialmente en *Philosophy and the Mirror of Nature*) he dicho mucho acerca del tipo de terapia filosófica que la descripción antiesencialista de las cosas trae aparejada, me concentraré en la segunda de las ventajas.

Concuerdo con Dewey en que la función de la filosofía es mediar entre viejas maneras de hablar (desarrolladas para llevar a cabo tareas anteriores) y nuevas maneras de hablar (desarrolladas para satisfacer nuevas demandas). Como dijo Dewey:

> Cuando se reconozca que bajo la máscara de tratar con la realidad última la filosofía se ha ocupado de los venerados valores insertos en las tradiciones sociales, que ha surgido del choque de fines sociales y de un conflicto de las instituciones heredadas con tendencias contemporáneas que les resultan incompatibles, se verá que la tarea de la filosofía futura es clarificar las ideas de los hombres acerca de los conflictos morales y sociales del día.[13]

Se ha perdido la memoria de los conflictos morales y sociales que incitó la publicación de *The Descent of Man*. Pero me parece que la filosofía todavía no se ha puesto a tono con Darwin, que todavía no ha encarado el desafío que representa. Creo que todavía queda mucho trabajo por hacer para reconciliar los venerados valores insertos en nuestras tradiciones con lo que Darwin dijo acerca de nuestra relación con los otros animales. Me da la impresión de que De-

---

[13] John Dewey, "Reconstruction in Philosophy", en *The Middle Works*, vol. 12 (Carbondale: Southern Illinois University Press, 1982), p. 94.

wey y Davidson son los filósofos que más han hecho para ayudarnos a lograr esa reconciliación. Apreciar su obra desde esta perspectiva ayuda a comparar lo que han hecho con aquello que hicieron Hume y Kant. Hume y Kant afrontaron la tarea de asimilar la Nueva Ciencia del siglo XVII al vocabulario que Europa había heredado, entre otros, de estoicos y cristianos. La solución de Hume consistió en asimilar la razón humana a la de los animales y la moralidad humana al tipo de interés benevolente que los animales también ejercitan con los miembros de su misma especie. Hume fue un protopragmatista, en el sentido de que cuando concluyó con su planteo la distinción entre conocer la realidad y manejarse con la realidad se había vuelto muy imprecisa. Pero, como se sabe, la solución propuesta por Hume pareció a muchos de sus lectores –especialmente a los alemanes– una cura peor que la enfermedad. Se pensó entonces que el conocimiento humano –especialmente las pretensiones de verdad universal y necesaria– debía ser puesto a salvo del ensalmo de Hume.

Kant ofreció la solución alternativa, que Hegel consideró demasiado escéptica y derrotista, demasiado humana y protopragmática. Pero los filósofos menos ambiciosos que Hegel se han inclinado, en su gran mayoría, por encontrar alguna solución de tipo kantiano. Kant salvó la pretensión de no condicionalidad, bajo la forma de universalidad y necesidad, distinguiendo entre el esquema trascendental creador-del-mundo-fenoménico y el contenido puramente fenoménico y empírico que lo colma. Inmunizó el vocabulario moral tradicional y, en particular, la pretensión de que estamos sujetos a obligaciones morales incondicionales, protegiéndolo con un muro que separa lo moral y nouménico de lo fenoménico y empírico. Al crear ese sistema se ganó el agradecimiento de la gente que, como el protagonista de *Die Bestimmung der Menschen* de Fichte, tenía temor de que su autoimagen como agente moral no pudiera sobrevivir a la mecánica corpuscular. De tal modo, Kant nos impulsó a depender de la idea de algo no relacional por ser no condicional. Las verdades sintéticas a priori universales y necesarias eran seguras porque el mundo de la mecánica corpuscular no es real. El mundo real es el mundo en el que nosotros constituimos el mundo fenoménico –por detrás de nosotros mismos, por así decir–, el mismo mundo en el que somos agentes morales no empíricos, no pragmáticos. Con ello, Kant ayudó a que dependiéramos de la idea de que hay una gran diferencia entre nosotros y el resto de los animales. Para ellos –pobres cosas fenoménicas– todo es relativo y pragmático. Pero nosotros tenemos, en cambio, un lado nouménico y trascendental, un lado que escapa a la relacionalidad. De modo que podemos tener esperanza de conocer la verdad en el sentido no baconiano de "conocer", un sentido según el cual conocer es muy diferente de usar. Podemos tener la esperanza de hacer lo correcto, en un sentido de "correcto" que no es reducible a la prosecución del placer o a la gratificación de los instintos benevolentes.

Sin embargo, Darwin hizo que fuera mucho más difícil ser kantiano de lo que había sido previamente. Una vez que la gente comenzó a experimentar con una imagen de sí misma como la que su más ferviente admirador, Nietzsche, llamó "animales inteligentes", resultó muy difícil pensarse a sí mismo como poseyendo un lado trascendental o noumenal. Más aún, cuando se asoció a la teoría evolutiva darwiniana la sugerencia de Frege y de Peirce, anticipada por Herder y Humboldt, de que es el lenguaje[14] y no la conciencia o la

---

[14] Véase Manfred Frank, *What is Neostructuralism* (Minneapolis: University of Minnesota Press, 1984), p. 217: "...el giro lingüístico consiste en transferir el paradigma filosófico de la conciencia al del signo".

mente el rasgo distintivo de la especie, la teoría evolutiva darwiniana hizo posible visualizar todo el comportamiento humano –inclusive el tipo de comportamiento "superior" previamente interpretado como satisfacción del deseo de conocer lo no condicionalmente verdadero y de hacer lo no condicionalmente correcto– como continuo al comportamiento animal. Porque, a diferencia del origen de la conciencia o de la facultad llamada "razón", capaz de aprehender la naturaleza intrínseca de las cosas, el origen del lenguaje es inteligible en términos naturalistas. Podemos dar lo que Locke llamó una "explicación llana, histórica" de cómo los animales llegaron a hablar. No podemos dar una explicación llana, histórica de cómo dejaron de manejarse con la realidad y comenzaron a representarla, y mucho menos de cómo dejaron de ser seres simplemente fenoménicos para comenzar a constituir el mundo fenoménico.

Podemos, por cierto, quedarnos con Kant e insistir en que Darwin, como Newton, ofrece meros relatos acerca de los fenómenos y en que los relatos trascendentales tienen precedencia sobre los relatos empíricos. Los más de cien años que hemos pasado asimilando y mejorando el relato

---

El libro de Frank es muy valioso porque realza la continuidad entre la concepción del lenguaje de Herder y Humboldt (siglo XVIII) y la concepción común de Derrida y Wittgenstein. En particular, su comparación (p. 129) de la afirmación de Herder de que "nuestra razón sólo es formada mediante ficciones" con la mucho más famosa afirmación de Nietzsche de que el lenguaje es "un ejército móvil de metáforas, metonimias, antropomorfismos" lleva a darse cuenta de que el antiesencialismo es, al menos, tan viejo como la sugerencia de que no existe un lenguaje adánico, y que diferentes lenguajes, incluido el propio, satisfacen distintas necesidades sociales. La lectura de Frank lleva a pensar que si Hegel hubiera seguido la guía de Herder y hablado más de las necesidades sociales y menos del Espíritu Absoluto, la filosofía occidental se habría evitado un siglo de colapsos nerviosos.

empírico de Darwin nos han vuelto incapaces –sospecho y espero– de tomar en serio los relatos trascendentales. Con el correr de los años hemos sustituido gradualmente el intento de vernos a nosotros mismos desde fuera del tiempo y de la historia por la tarea de hacer un futuro mejor: una sociedad utópica, democrática. El antiesencialismo es una de las manifestaciones de ese cambio. Otra es el deseo de ver la filosofía como ayudándonos a cambiarnos a nosotros mismos más que a conocernos a nosotros mismos.

III. UNA ÉTICA SIN OBLIGACIONES UNIVERSALES

EN EL PRIMER CAPÍTULO sugerí pensar el pragmatismo como el intento de modificar nuestra autoimagen de modo de hacerla consistente con la afirmación darwiniana de que diferimos de los demás animales sólo por la complejidad de nuestro comportamiento. Adoptar una imagen de nosotros mismos como animales excepcionalmente inteligentes es dejar a un lado la manera griega de distinguirnos de los brutos. Platón y Aristóteles sugirieron que los animales vivían en el mundo de la apariencia sensorial, que sus vidas consistían en ajustarse a los cambios de esa apariencia y que, por ello, no eran capaces de *conocer*, porque el conocimiento consiste en ir más allá de la apariencia y llegar a la realidad. Pero los humanos hacemos algo muy distinto de adaptarnos a las condiciones cambiantes del entorno, porque podemos saber: podemos representar con precisión las naturalezas intrínsecas e inalterables de las cosas que nos rodean. Los pragmatistas explican la indagación –en la física y en la ética– como la búsqueda de un ajuste y, en particular, del tipo de ajuste con nuestros congéneres que denominamos "la búsqueda de justificación y acuerdo". He sostenido en el primer capítulo que la tradicional búsqueda de la verdad debe ser sustituida por esa otra búsqueda. Esta sustitución nos llevará a pensar que conocer es un modo de ajuste más complejo y, de tal manera, nos permitirá visualizar nuestras facultades como continuas a las de los brutos.

En el segundo capítulo presenté el pragmatismo como una forma generalizada de antiesencialismo, como la tentativa de romper la distinción entre rasgos intrínsecos y extrínsecos de las cosas. Al pensar que todo es relacional hasta los tuétanos, los pragmatistas tratan de desembarazarse del contraste entre la realidad y la apariencia, entre la manera cómo las cosas son en sí mismas y la manera cómo se nos aparecen, o la manera cómo las representamos o el modo cómo hablamos de ellas. Insisten, en particular, en que solamente podemos hablar de las cosas bajo una o más descripciones opcionales de ellas, dictadas por nuestras necesidades humanas, y que ello no es ningún desastre espiritual o cognoscitivo. Los pragmatistas tienen la esperanza de hacer imposible que el escéptico formule la pregunta "¿se adecua nuestro conocimiento de las cosas a cómo las cosas son?" Los pragmatistas sustituyen esta pregunta tradicional por una pregunta *práctica*: "¿Nuestras maneras de describir las cosas o de relacionarlas con otras cosas son las mejores posibles para lidiar con ellas de modo de hacer que satisfagan nuestras necesidades de manera adecuada? ¿Podemos hacer mejor las cosas? ¿Puede nuestro futuro estar mejor hecho que nuestro presente?".

En este último capítulo me haré cargo de la distinción entre moralidad y prudencia. Se trata de la distinción tradicional que se traza al oponer las obligaciones no condicionales y categóricas a las obligaciones condicionales e hipotéticas. Obviamente, los pragmatistas ponen en duda la sugerencia de que algo es no condicionado, porque dudan de que algo sea, o pueda ser, no relacional. Necesitan reinterpretar las distinciones entre moralidad y prudencia, moralidad y conveniencia y moralidad y autointerés, de modo de prescindir de la noción de obligación no condicionada.

Dewey sugirió que reconstruyéramos la distinción entre la prudencia y la moralidad en términos de la distinción entre las relaciones sociales rutinarias y las no rutinarias. Visualizó la "prudencia" como un miembro de la misma familia de conceptos a la que pertenecen "hábito" y "costumbre". Las tres palabras describen las maneras usuales y relativamente no controvertidas en que los individuos y los grupos se ajustan a las presiones y tensiones de sus entornos humanos y no humanos. Es obvio que resulta prudente mantenerse lejos de las serpientes venenosas y confiar menos en los extraños que en los miembros de la propia familia. "Prudencia", "conveniencia" y "eficiencia" son términos que describen ajustes a las circunstancias, rutinarios y no controvertidos, como éstos. Los inventamos cuando no podemos ya hacer lo que hacemos naturalmente, cuando la rutina ya no sirve, cuando el hábito y la costumbre ya no bastan.

No bastarán cuando las necesidades del individuo choquen con las de su familia, o las de su familia con las de sus vecinos, o cuando la presión económica comience a dividir a su comunidad en clases enfrentadas o cuando esa comunidad tenga que entrar en contacto con una comunidad extraña. Para Dewey, la distinción prudencia-moralidad, como la distinción entre la costumbre y el derecho, es una distinción de grado –el grado requerido para la deliberación consciente y la formulación explícita de preceptos– más que una distinción de clase. Para los pragmatistas como Dewey no hay una distinción de clase entre lo que es útil y lo que es correcto. Porque, como Dewey dijo: "...correcto es sólo un nombre abstracto para la multitud de exigencias en la acción que otros estampan en nosotros y a las cuales estamos obligados, si vivimos, a tomar en cuenta".[1]

---

[1] John Dewey, *Human Nature and Conduct*, en *The Middle Works*, vol. 14 (Carbondale: Southern Illinois University Press, 1983), p. 224.

Los utilitaristas estaban en lo correcto cuando fundieron lo moral con lo útil. (Pero se equivocaron cuando trataron de reducir la utilidad simplemente a obtener placer y evitar el dolor. Dewey concuerda con Aristóteles en que la felicidad humana no puede ser reducida a la acumulación de placeres.)

Pero desde el punto de vista de Kant, tanto Aristóteles como Mill y Dewey son igualmente ciegos a la verdadera naturaleza de la moralidad. Identificar la obligación moral con la necesidad de ajustar el comportamiento propio a las necesidades de otros seres humanos es, para los kantianos, perverso o ingenuo. Para ellos, Dewey confundió el deber con el autointerés, la autoridad intrínseca de la ley moral con la necesidad mecánica de negociar con oponentes a los que no podemos superar. Dewey fue consciente de esta crítica kantiana. He aquí uno de los pasajes en el que intentó responderla:

> Se dice que la moral implica la subordinación del hecho a la consideración ideal, mientras que la perspectiva aquí presentada otorga a la moral un lugar secundario respecto del hecho bruto, lo que equivale a privarla de dignidad y jurisdicción... La crítica descansa en una distinción falsa. Argumenta, en efecto, que o bien los estándares ideales anteceden a las costumbres y les confieren su cualidad moral o que al ser subsiguientes a la[s] costumbre[s] y haberse desenvuelto a partir de ella[s], son subproductos meramente accidentales. Pero, ¿cómo juega esto respecto del lenguaje?... El lenguaje surgió de balbuceos no inteligentes, de movimientos llamados gestos y de la presión de las circunstancias. Sin embargo, una vez que el lenguaje advino a la existencia, es lenguaje y funciona como lenguaje.[2]

2 *Human Nature and Conduct*, pp. 56-57.

La analogía que Dewey traza entre el lenguaje y la moralidad tiene por objeto señalar que no hay un momento decisivo en el que el lenguaje dejó de ser una serie de reacciones al comportamiento de otros humanos y comenzó a representar la realidad. De manera parecida, no hay un punto en el que el razonamiento práctico dejó de ser prudencial y se tornó específicamente moral, un punto en el que dejó de ser meramente útil y comenzó a tener autoridad.

La réplica de Dewey a quienes piensan, como Kant, que la moralidad surgió de una facultad específicamente humana llamada "razón" y que la prudencia es algo que compartimos con los brutos es que la *única* cosa específicamente humana es el lenguaje. Pero la historia del lenguaje es un relato desplegado que posee una complejidad gradualmente creciente. El relato de cómo se ha ido de los gruñidos y empellones del Neanderthal a los tratados filosóficos germánicos es tan discontinuo como el relato que nos dice cómo pasamos de las amebas a los antropoides. Los dos relatos son partes de un relato mayor. La evolución cultural se desarrolla sin ruptura a partir de la evolución biológica. Desde un punto de vista evolutivo, no hay ninguna diferencia entre los gruñidos y los tratados filosóficos, salvo la complejidad. Pero la diferencia entre los animales que utilizan lenguaje y los animales mudos y las amebas, y la diferencia entre las culturas que no se involucran en una deliberación moral consciente, colectiva, y las que lo hacen, es tan importante y tan obvia como siempre lo fue, aunque se trate de una diferencia de grado. Desde la perspectiva de Dewey, los filósofos que han distinguido tajantemente entre la razón y la experiencia o la moralidad y la prudencia han tratado de transformar una diferencia de grado en una diferencia de tipo metafísico. De tal modo, han construido para ellos problemas que son tan insolubles como artificiales.

Dewey interpretó a Kant y su filosofía moral como

adoptando "la doctrina de que la esencia de la razón es la completa racionalidad (y, por ende, la necesidad y la inmutabilidad) con la seriedad propia de una profesor de lógica".[3] Pensó que la propuesta de Kant de que es factible obtener un consejo acerca de qué hacer a partir de la idea de universalidad no mostraba una insufrible falta de consideración por las consecuencias, sino "un punto de vista imparcial amplio de las consecuencias". Todo lo que el imperativo categórico hace, dice Dewey, es encomiar "el hábito de preguntar cómo deberíamos querer ser tratados en un caso similar".[4] La pretensión de hacer otra cosa, es decir, de obtener "reglas de confección disponibles al momento para decidir cualquier dificultad moral", le pareció a Dewey haber "nacido de la timidez y haberse nutrido del amor al prestigio autoritario". Dewey pensó que sólo una tendencia sadomasoquista de ese tipo podría "conducirnos a la idea de que la ausencia de principios de confección, fijados inmutablemente y aplicables universalmente, puede equivaler al caos moral".[5]

Hasta aquí la crítica de Dewey a la manera kantiana de encarar la distinción entre la moralidad y la prudencia. Quiero ahora volver a la distinción entre la razón y el sentimiento, el pensamiento y el sentimiento. Esto me va a permitir relacionar la obra de Dewey con la de Annette Baier, la filósofa norteamericana contemporánea. Baier, una de las principales filósofas feministas en los Estados Unidos,

---

[3] *Human Nature and Conduct*, p. 168.
[4] *Human Nature and Conduct*, p. 169.
[5] *Human Nature and Conduct*, p. 164. En *Moral Prejudices* (Cambridge, Mass.: Harvard University Press., 1993), p. 277, Annette Baier cita la frase de Nietzsche de que "un mal olor a sadomasoquismo, que hiede a sangre y a tortura, envuelve el imperativo categórico".

toma como modelo a David Hume. Elogia a Hume como "el filósofo de las mujeres" debido a su propensión a considerar el sentimiento y, por cierto, la sentimentalidad, como centrales a la conciencia moral. También lo elogia por "desintelectualizar y desantificar la empresa moral... presentándola como el equivalente humano de los distintos controles sociales existentes en las poblaciones de animales o de insectos".[6] Aunque Baier raramente menciona a Dewey y Dewey raramente discute la filosofía moral de Hume, estos tres filósofos militantemente antikantianos están, en la mayoría de las discusiones, de un mismo lado. Los tres comparten la misma desconfianza hacia la noción de "obligación moral". Dewey, Baier y Hume podrían concordar con Nietzsche en que los griegos presocráticos no padecían de "timidez", del temor a hacer elecciones duras que lleva a Platón a buscar la verdad moral inmutable. Los tres ven que las circunstancias temporales de la vida humana son ya lo suficientemente difíciles como para agregarles una dosis de sadomasoquismo con las obligaciones inmutables, incondicionales.

Baier propone que como concepto moral central sustituyamos la noción de "obligación" por la de "confianza apropiada". Dice que

...no hay cabida para la teoría moral [concebida] como algo que sea más filosófico y menos comprometido que la deliberación moral y que no sea, simplemente, una rela-

---

[6] Baier, p. 147. Pienso que Dewey concordaría con Nietzsche en este punto, y también con Baier cuando dice: "Si hemos de evitar las deficiencias de la mente y la perversidad del alma que incorpora la tradición kantiana, es tiempo de que dejemos de rendir tributo a Immanuel Kant y, por cierto, a todos los demás predicadores de una piedad que consiste en reverenciar la fe de nuestros padres patriarcales" (p. 267).

ción de nuestras costumbres y estilos de justificación, de crítica, protesta, revuelta, conversión y decisión.[7]

Con palabras que remedan las de Dewey, Baier dice que "en la filosofía moral, el villano es el racionalista, la tradición de la ley fija",[8] una tradición que supone que "detrás de toda intuición moral yace una regla universal".[9] Pero, tanto en el enfoque de Baier como en el de Dewey no hay nada que explicar: la obligación moral no tiene una naturaleza o una fuente diferente de la tradición, el hábito y la costumbre. La moralidad es, sencillamente, una costumbre nueva y discutible. La obligación especial que experimentamos cuando usamos el término "moral" es, simplemente, la necesidad de sentir que estamos actuando de una manera relativamente novedosa y no puesta a prueba, una manera que puede tener consecuencias impredecibles y peligrosas. Nuestra impresión de que la prudencia es medrosa y la moral heroica es sólo el reconocimiento de que testear lo que no ha sido puesto a prueba es más peligroso, más arriesgado, que hacer lo que surge naturalmente.

Baier y Dewey concuerdan en que el fallo mayor de gran parte de la filosofía moral ha sido el mito del yo como no relacional, como capaz de existir con independencia de toda preocupación por los demás, como un psicópata frío al que se necesita forzar para que tome en cuenta las necesidades de las demás personas. Ésta es la imagen del yo que los filósofos, desde Platón en adelante, han interpretado en términos de la división entre la "razón" y "las pasiones", una división que, lamentablemente, Hume perpetuó con su

[7] Annette Baier, *Postures of the Mind* (Minneapolis: University of Minnesota Press, 1985), p. 232.

[8] Baier, p. 236.

[9] Baier, p. 208.

famosa inversión del planteo platónico: la afirmación de que "la razón es, y debe ser, la esclava de las pasiones".

Desde Platón en adelante, Occidente ha interpretado la distinción razón-pasión en paralelo con la distinción entre lo universal y lo individual y con la distinción entre las acciones egoístas y las no egoístas. De tal modo, las tradiciones religiosa, platónica y kantiana nos han echado a cuestas una distinción entre el yo verdadero y el yo falso, el yo que escucha el llamado de la conciencia y el yo que sólo está "autointeresado". Este yo es meramente prudencial, no llega a ser moral.

Baier y Dewey argumentan que esta noción del yo como un psicópata autointeresado y frío debe ser abandonada. Si fuéramos realmente tales, la pregunta "¿por qué debo ser moral?" nunca podría responderse. Sólo cuando nos representamos masoquistamente a nosotros mismos como tales experimentamos la necesidad de castigarnos amedrentándonos ante los dictados divinos o ante el tribunal kantiano de la razón práctica. Pero si seguimos el consejo pragmatista de ver todo como constituido por sus relaciones con todo lo demás, es fácil detectar la falacia que Dewey describió como "transformar el hecho (trivial) de actuar *como* un yo en la ficción de actuar siempre *para* el yo".[10] Seguiremos cometiendo esa falacia y continuaremos pensando en el yo como un psicópata que requiere control en tanto aceptemos lo que Dewey llamó la "creencia en la fijeza y simplicidad del yo". Dewey asoció esa creencia con "el dogma de los teólogos... de la unidad y completud confeccionadas del alma".[11] Pero podría igualmente haberla asociado con el argumento de Platón en el *Fedón* o con la doctrina de Kant de que el yo moral es un yo no empírico.

10 *Human Nature and Conduct*, p. 95.
11 *Human Nature and Conduct*, p. 96.

Si dejamos a un lado nociones tales como las de unidad y de completud confeccionadas, podemos decir con Dewey que "la yoidad [*self-hood*] (excepto cuando se la ha encasillado en un caparazón de rutinas) se encuentra en un proceso dinámico: cualquier yo es capaz de incluir dentro de sí un número de yos inconsistentes, de disposiciones no armónicas".[12] Como ha mostrado Donald Davidson, la noción de múltiples yos inconsistentes proporciona una buena manera de naturalizar y desmitificar la noción freudiana de inconsciente.[13] Pero el nexo más importante entre Freud y Dewey es el que Baier enfatiza: el papel de la familia y, en particular, del amor materno en la creación de personas no psicópatas, seres humanos que encuentran natural preocuparse por otros seres humanos. Baier dice, con palabras que Dewey bien pudo haber escrito, que "el equivalente secular de la fe en Dios... es la fe en la comunidad humana y en los procedimientos que se van desarrollando, es decir, en la perspectiva de las ambiciones cognitivas y las esperanzas morales múltiples".[14] Pero advierte que esa fe está basada en la fe que la mayoría de nosotros tiene en sus padres y

---

[12] *Human Nature and Conduct*, p. 96.

[13] Véase Donald Davidson, "Paradoxes of Irrationality", en *Philosophical Essays on Freud*, Richard Wollheim y James Hopknis (comps.) (Cambridge: Cambridge University Press, 1982). El enfoque davidsoniano de Freud es ampliado y desarrollado por Marcia Cavell en *The Psychoanalytic Mind: From Freud to Philosophy* (Cambridge, Mass.: Harvard University Press, 1993). Véase, además, el capítulo 5 ("The Divided Self") de la obra de Michael Walzer, *Thick and Thin: Moral Argument at Home and Abroad* (Notre Dame, Indiana: University of Notre Dame Press, 1994) y, en especial, la sugerencia de Walzer de que "los yos densos [*thick*] son los productos característicos de una sociedad densa, diferenciada y pluralista, y requieren una sociedad tal". En la página 89 Walzer ofrece una comparación instructiva y agresiva del enfoque de la división interna propuesto por filósofos y por psicoanalistas.

[14] Baier, p. 293.

hermanos. La confianza que une a una familia es el modelo de Baier para la fe secular que puede unir a las sociedades modernas, tradicionales. Freud nos ayudó a ver que sólo obtenemos psicópatas –personas cuya autoconcepción no involucra relaciones con otras personas– cuando el amor parental y la confianza que tal amor genera están ausentes. Para ver lo que Baier quiere hacernos apreciar, consideremos la pregunta: "¿Por qué tengo una obligación moral hacia mi madre/mi padre/mis hijos?". "Moralidad" y "obligación" son términos contrapuestos. Hacer lo que se está obligado a hacer contrasta con hacer lo que resulta natural; y para la mayoría de las personas responder a las necesidades de los miembros de la familia es la cosa más natural del mundo. Tales respuestas surgen naturalmente porque la mayoría de nosotros nos definimos, al menos en parte, en función de las relaciones con los miembros de nuestra familia. Nuestras necesidades y las de ellos en gran medida se superponen. No somos felices si ellos no lo son. No querríamos estar bien alimentados mientras nuestros hijos pasan hambre. Eso sería antinatural. ¿Sería también inmoral? Decirlo suena un poco extraño. Uno sólo emplearía ese término si se topara con un padre que es también un egoísta patológico, una madre o padre cuyo sentido del yo nada tiene que ver con sus hijos, el tipo de persona entrevista por la teoría de la decisión, alguien cuya identidad está constituida por órdenes de preferencia más que por la simpatía.

Por el contrario, puedo sentir la obligación específicamente *moral* de privar a mis hijos y privarme a mí mismo de una porción del alimento disponible porque hay personas hambrientas en nuestra puerta. La palabra "moral" es entonces apropiada porque la exigencia es menos *natural* que la exigencia de alimentar a mis hijos. Está menos conectada con la imagen que tengo de mí, de quién soy yo.

Pero, por supuesto, el deseo de alimentar al extraño hambriento puede estar tan fuertemente incorporado a mi autoimagen como el deseo de alimentar a mi familia. El desarrollo moral en el individuo y el progreso moral en la especie humana como un todo tienen que ver con advertir otros yos humanos de modo de extender las variadas relaciones que los constituyen. El límite ideal de ese proceso de extensión es el yo entrevisto en la concepción cristiana y budista de la santidad, un yo ideal para quien el hambre y el sufrimiento de *cualquier* ser humano (y aun, quizá, de cualquier animal) resultan intensamente dolorosos. Si ese progreso se completara alguna vez, el término "moralidad" desaparecería de nuestro lenguaje. Ya no habría manera, ni necesidad, de contrastar lo que hacemos naturalmente con hacer lo que es moral. Todos tendríamos lo que Kant llamó "voluntad santa". El término "obligación moral" se torna menos y menos apropiado en la medida en que identificamos a aquéllos a quienes ayudamos: en la medida en que los mencionamos cuando nos contamos a nosotros mismos historias acerca de quiénes somos, en la medida en que su historia es también nuestra historia.[15] Es natural compartir lo que se tiene con un viejo amigo o un vecino o un colega cercano que ha quedado desamparado por una adversidad súbita. Es menos natural compartirlo

---

[15] Me inspiro aquí en el iluminador enfoque del yo como un "centro de gravedad narrativa" que Daniel Dennett desarrolla en *Consciousness Explained* (Cambridge, Mass.: MIT Press, 1990). He intentado desarrollar el antiesencialismo del segundo capítulo de este libro en un artículo sobre Dennett en el que sugiero que lo que vale para el yo vale para los objetos en general y que un pragmatista debería concebir todos los objetos como centros de gravedad descriptiva. Véase "Holism, Intentionality, and the Ambition of Trascendence", en *Dennett and His Critics: Demystifying Mind*, Bo Dahlbom (comp.) (Oxford: Blackwell, 1993), pp. 184-202.

con una relación casual o con un extraño que se encuentra en la misma desafortunada situación. En un mundo en el que el hambre es común, no nos resulta natural sacar la comida de la boca de nuestros hijos para alimentar a un extraño y a sus hijos. Pero si el extraño está en la puerta de nuestra casa podemos sentirnos obligados a hacerlo. Los términos "moral" y "obligación" se tornan más y más apropiados cuando se trata de privar a nuestros hijos de algo que quieren para enviar dinero a las víctimas de una hambruna en un país que nunca hemos visto, a personas que podríamos muy bien encontrar repelentes si nos cruzáramos con ellas, a personas que no nos gustarían como amigos, que no querríamos que se casaran con nuestros hijos, a personas cuyo *único* reclamo a que le prestemos atención es que se nos ha dicho que están hambrientas. Pero el cristianismo enseñó a Occidente a considerar un mundo en el que no hubiera tales personas, un mundo en el que todos los hombres y mujeres fueran hermanos y hermanas. En ese mundo no habría ocasión para hablar de "obligación".

Cuando los filósofos de la tradición kantiana ponen el sentimiento en un pie de igualdad con el prejuicio y nos dicen que "desde un punto de vista estrictamente moral" no hay diferencia entre el hambre de nuestro hijo y el hambre de un niño de una parte del mundo elegida de manera fortuita contrastan el "punto de vista moral" con un punto de vista que llaman el "mero autointerés". Lo que subyace en esta manera de hablar es que la moralidad y la obligación comienzan donde el autointerés termina. El problema con este modo de hablar, insiste Dewey, es que los límites del yo son imprecisos y flexibles. Por eso, los filósofos en esa tradición intentan oscurecer la imprecisión definiendo los límites. Dicen que el yo está constituido por un orden de preferencias que divide a la gente conforme, por ejemplo, a quién uno va a preferir alimentar primero. Contrastan entonces la obligación moral con la preferencia o bien "subjetivizan" los sentimientos de la obligación moral considerándolos preferencias adicionales.

Ambas alternativas tienen dificultades. Si se contrasta la obligación moral con la preferencia hay problemas con la motivación moral: ¿qué sentido tiene, después de todo, decir que una persona actúa contra sus propias preferencias? Por otra parte, si no se distingue ya entre la moralidad y el autointerés y se dice que lo que llamamos "moralidad" es, simplemente, el autointerés de aquellos que han sido aculturados de cierta manera, entonces se es acusado de "emotivista", de no haber sabido apreciar la distinción kantiana entre la dignidad y el valor. La primera dificultad lleva a la pregunta que Platón trató de contestar: "¿por qué debo ser moral?". La otra lleva a la pregunta: "¿Hay alguna diferencia entre preferir alimentar a extraños hambrientos en vez de dejar que se mueran de hambre y preferir un helado de crema a un helado de chocolate?". En términos más generales, una dificultad parece conducir a una metafísica dualista, a dividir el yo humano, y posiblemente todo el universo, en segmentos más elevados y más bajos. La otra parece conducir a que renunciemos completamente a nuestras aspiraciones a algo que sea "superior" a la mera animalidad.

A menudo se acusa a los pragmatistas de proponer esa renuncia. Se los asocia a reduccionistas, conductistas, sensualistas, nihilistas y otros personajes dudosos. Creo que la mejor defensa del pragmatista es decir que tiene una concepción de nuestra diferencia con los animales que no involucra una diferencia tajante –una diferencia entre lo infinito y lo finito– del tipo de la que ilustra la distinción kantiana entre la dignidad y el valor, entre lo no condicionado y lo condicionado, lo no relacional y lo relacional. El pragmatista concibe la diferencia con un grado mucho mayor de flexibilidad; en particular, una mayor flexibilidad en lo que hace a los límites de la personalidad individual, a la cantidad de relaciones que pueden llegar a constituir un yo humano. El pragmatista considera el ideal de hermandad humana no como la imposición de algo no empírico sobre lo empírico ni de algo no natural sobre lo natural, sino como la culminación de un proceso de ajuste que es también un proceso de renovación de la especie humana.

Desde este punto de vista, el progreso moral no consiste en un aumento de la racionalidad, en la disminución gradual de la influencia del prejuicio y la superstición, en permitirnos ver nuestro deber moral con mayor claridad. Tampoco consiste en lo que Dewey llamó "un aumento de la inteligencia", un incremento de la habilidad para inventar cursos de acción que satisfagan, simultáneamente, muchas demandas conflictivas. La gente puede ser muy inteligente, en este sentido, sin tener grandes simpatías. No es irracional ni poco inteligente trazar en una frontera nacional o racial o de género los límites de la comunidad moral a la que se pertenece. Pero no es deseable, es moralmente indeseable. De modo que lo mejor es pensar el progreso moral como un incremento de la *sensibilidad*, un aumento de la capacidad para responder a las necesidades de una variedad más y más extensa de personas y de cosas. Los pragmatistas no consideran el progreso científico como la atenuación gradual del velo de la apariencia que oculta la naturaleza intrínseca de la realidad, sino como la aptitud creciente de responder a las inquietudes de grupos cada vez más extensos de personas, especialmente de personas que generan las observaciones más agudas y ejecutan los experimentos más refinados. Del mismo modo, consideran el progreso moral como un estar en condiciones de responder a las necesidades de grupos de personas más y más abarcativos.

Quiero continuar un poco más con la analogía entre la

ciencia y la moral. En el primer capítulo he dicho que los pragmatistas no piensan que la meta de la indagación científica o de cualquier otra indagación sea la verdad, sino que dicha meta es adquirir una mejor aptitud justificativa, una mejor aptitud para lidiar con las dudas acerca de lo que decimos, apuntalándolo u optando por decir algo diferente. El problema de proponerse alcanzar la verdad reside en que no se sabría cuándo se la ha alcanzado, aun cuando de hecho hubiera sido alcanzada. Pero podemos proponernos tener más justificación, calmar el mar de dudas. De manera análoga, no es posible proponerse "hacer lo que es correcto", porque nunca se sabrá si se ha dado en el blanco. Mucho después de que hayamos muerto, personas mejor informadas y más sofisticadas pueden pensar que nuestra acción ha sido un trágico error, como pueden pensar que nuestras creencias científicas pertenecieron a una cosmología obsoleta. Pero es *dable* proponerse tener una mayor sensibilidad ante el dolor y satisfacer necesidades mucho más variadas. Los pragmatistas piensan que la idea de algo no humano que nos atrae ciegamente debería reemplazarse por la idea de abarcar a más y más seres humanos en nuestra comunidad, de tomar en cuenta los intereses y las perspectivas de un número creciente de seres humanos. La aptitud justificatoria es, para el pragmatista, su propia recompensa. No hay necesidad de preocuparse por la posibilidad de ser recompensado con un tipo de condecoración inmaterial rotulada "Verdad" o "Bondad Moral".[16]

---

[16] En mi opinión, la noción de "pretensión de validez universal", como la usan Habermas y Apel, es la pretensión a esa condecoración y, en tanto tal, resulta ser indispensable. Aunque concuerdo con Habermas respecto de la deseabilidad de sustituir lo que llama "la razón centrada en el sujeto" por "la razón comunicativa", creo que su insistencia en la universalidad y su aversión a lo que llama "contextualismo" y "relativismo" son rémoras metafísicas: rémoras de un período del pensamien-

La idea de la "perspectiva del ojo de Dios", a la que la ciencia se aproxima continuamente, es similar a la idea de la "ley moral", a la que la costumbre social, en períodos de progreso, se aproxima continuamente. Las ideas de "descubrir la naturaleza intrínseca de la realidad física" y de "clarificar nuestras obligaciones morales no condicionales" son poco gratas a los pragmatistas porque presuponen la existencia de algo no relacional, algo exento de las vicisitudes del tiempo y de la historia, algo no afectado por los intereses y las necesidades cambiantes. Los pragmatistas piensan que ambas ideas tienen que ser reemplazadas por metáforas más extensas y no por metáforas más elevadas o profundas. El progreso científico ha integrado cada vez más datos en una trama de creencias, datos de los microscopios y los telescopios, con datos obtenidos por el ojo desnudo; ha integrado datos traídos a la luz por la experimentación con datos que siempre han estado presentes. La cuestión no es penetrar la apariencia para llegar a la realidad. El progreso moral tiene que ver con ampliar al máximo la simpatía. No se trata de alcanzar lo racional pasando por encima de lo sentimental. Tampoco es cuestión de recusar a tribunales locales, inferiores y corruptos para alcanzar la corte suprema que administra la ley moral ahistórica, no local, transcultural.

El cambio de las metáforas de extensión vertical por las metáforas horizontales cuadra con la insistencia de los pragmatistas en reemplazar las distinciones tradicionales de clase por distinciones en el grado de complejidad. Los prag-

---

to filosófico en el que parecía que el llamado a lo universal era la única alternativa a verse inmerso en el statu quo contingente. He tratado de desarrollar esta crítica a Habermas en "Sind Aussage Universelle Geltungsansprueche?", en *Deutsche Zeitschrift fuer Philosophie*.

matistas sustituyen la idea de una teoría que penetre la realidad hasta los tuétanos por la idea de una explicación maximalmente eficiente de un conjunto de datos maximalmente amplio. Sustituyen la idea kantiana de una Voluntad Buena por la idea de un ser humano cálido, sensible y compasivo. Pero, aunque no podemos proponernos alcanzar la maximalidad, podemos intentar explicar más datos o preocuparnos por un número mayor de personas. No es posible plantarse al final de la indagación, ni en la física ni en la ética. Intentar algo así sería como intentar plantarse al final de la evolución biológica; no sólo ser el último heredero de todos los tiempos sino el ser que el tiempo estaba destinado a hacer culminar. De manera análoga, no es dable proponerse la perfección moral, pero sí es viable intentar tomar más en cuenta que antes las necesidades de las personas.

Hasta aquí he señalado en términos muy generales por qué el pragmatista quiere librarse de la noción de "obligación moral incondicional". Con la esperanza de ser más concreto y convincente, consideraré otro ejemplo de incondicionalidad: la noción incondicional de derechos humanos. Se dice que los derechos humanos constituyen los límites fijados a la deliberación moral y política. En la filosofía del derecho norteamericana, tal como la interpreta Ronald Dworkin, por ejemplo, los derechos [son como naipes de triunfo que] "matan" [*trump*] toda consideración referida a la eficiencia y conveniencia sociales.[17] En la mayoría de las

---

[17] Véase Dworkin, *Taking Rights Seriously* (Cambridge, Mass.: Harvard University Press, 1978). Para una crítica de la tradición que Dworkin elogia, véase Mary Ann Glendon, *Rights Talk: The Impoverishment of Political Discourse* (Nueva York: The Free Press, 1991).

discusiones políticas se da por supuesto que aquellos derechos que las diversas cortes de los Estados Unidos interpretan como otorgados por la Constitución, así como los Derechos Humanos Universales emanados de la Declaración de
Helsinki, están más allá de toda discusión. Son los motores
inmóviles de la mayoría de los políticos contemporáneos.
Desde el punto de vista del pragmatista, la noción de
"derechos humanos inalienables" no es ni mejor ni peor
que el eslogan de la "obediencia a la voluntad divina".
Cuando se los invoca como motores inmóviles, esos eslóganes son, sencillamente, una manera de decir que no va más,
que hemos agotado nuestros recursos argumentativos.
Hablar de la voluntad de Dios o de los derechos del hombre, como hablar del "honor de la familia" o de "la patria
en peligro", no es algo que resulte apropiado para la crítica
y el análisis filosóficos. Es infructuoso mirar más allá de
ellos. Ninguna de esas nociones debe analizarse porque todas son maneras de decir "aquí me paro: no puedo hacer
otra cosa". No son razones para la acción, sino anuncios
de que se ha pensado bien el problema y se ha tomado una
decisión.

La filosofía tradicional, la que considera que la moral
descansa en la metafísica, pone demasiada presión en esas
nociones cuando pregunta "pero, ¿hay un Dios?" o "¿realmente tienen esos derechos los seres humanos?" Esas preguntas presuponen que el progreso moral consiste, al
menos en parte, en incrementar el conocimiento moral, el
conocimiento acerca de algo independiente de nuestras
prácticas, algo como la voluntad de Dios o la naturaleza de
la humanidad. Esta sugerencia metafísica es vulnerable a
las sugerencias nietzscheanas de que Dios y los derechos
humanos son supersticiones, dispositivos propuestos por
los débiles para protegerse de los poderosos. Los metafísicos
responden a Nietzsche que hay una "base racional" para

creer en Dios o en los derechos humanos. Los pragmatistas replican diciendo que no hay nada de malo en esos dispositivos. El pragmatista puede acordar con Nietzsche en que la idea de hermandad entre los seres humanos sólo se le ocurrió a los débiles, a la gente desplazada por los guerreros valientes, fuertes y felices que Nietzsche transforma en ídolos. Pero para el pragmatista ese hecho vale tanto contra la idea de derechos humanos como la fealdad de Sócrates vale contra su descripción de la naturaleza del amor o las pequeñas neurosis privadas de Freud valen contra su versión del amor o las preocupaciones teológicas o alquímicas de Newton valen contra su mecánica o los malos rasgos morales de Heidegger valen contra sus logros filosóficos. Una vez que se deja de lado la distinción entre la razón y la pasión ya no se volverá a discriminar una idea debido a sus orígenes dudosos. Las ideas se clasificarán de acuerdo con su utilidad relativa más que en función de sus fuentes.

Los pragmatistas piensan que la pelea entre los metafísicos racionalistas y Nietzsche carece de interés.[18] Conceden a Nietzsche que la referencia a los derechos humanos es una manera conveniente de resumir ciertos aspectos de *nuestras* prácticas reales o propuestas. De manera análoga, decir que la naturaleza intrínseca de la realidad consiste en átomos y vacío es para el pragmatista una manera de decir que *nuestras* explicaciones científicas más exitosas interpretan el cambio macroestructural como un resultado del cambio microestructural. Decir que Dios quiere que demos la bienvenida al extraño que golpea a nuestra puerta es decir

---

[18] Esto es lo que enfatizo en "Human Rights, Rationality, and Sentimentality", en *Of Human Rights: Oxford Amnesty Lectures, 1993*, Susan Hurley y Steve Shute (comps.) (Nueva York: Basic Books, 1993). El trabajo presenta una versión de mi enfoque de los derechos humanos más extensa de la que aquí desarrollo.

que la hospitalidad es una de las virtudes de las que *nuestra* comunidad más se enorgullece. Decir que el respeto a
los derechos humanos demanda nuestra intervención para
salvar a los judíos de los nazis o a los bosnios musulmanes
de los serbios es decir que si fallamos en nuestra intervención *nos* sentiremos disconformes con nosotros mismos, de
la misma manera que saber que nuestros hijos o nuestros
vecinos tienen hambre mientras nosotros tenemos alimentos abundantes no nos permite continuar comiendo. Hablar de los derechos humanos es explicar nuestras acciones
identificándonos con una comunidad de personas que piensan como nosotros: quienes encuentran natural actuar de
cierto modo.

Afirmaciones del tipo de las que acabo de hacer –afirmaciones que tienen la forma "decir tal y cual cosa es decir
tal y cual otra"– se interpretan a menudo en términos de la
distinción apariencia-realidad. Los pensadores con voca-
ción metafísica, obsesionados por la distinción entre el
conocimiento y la opinión o entre la razón y la pasión, las
interpretan como "irracionalistas" y "emotivistas". Pero
los pragmatistas no piensan que esas afirmaciones sean
acerca de lo que *realmente* ocurre, es decir, que sean afirmaciones de que lo que parece ser un hecho sea efectivamente un valor o de que lo que parece ser una cognición
sea en realidad una emoción. Más bien, esas afirmaciones
son recomendaciones prácticas acerca de lo que hablamos,
sugerencias acerca de los términos más adecuados para
encaminar la controversia sobre cuestiones morales. En
cuanto a los átomos, el pragmatista piensa que no debe
debatir el problema de si la microestructura no observable
es una realidad o sólo una ficción conveniente. Respecto de
los derechos humanos, el pragmatista cree que no debe
debatir si los derechos humanos han existido desde siempre, aun cuando nadie los reconociera, o si son la construc-

ción social de una civilización influida por las doctrinas cristianas de la hermandad entre los hombres y por los ideales de la Revolución Francesa. *Por supuesto* que son construcciones sociales. También lo son los átomos y todo lo demás. Porque, como he sugerido en el segundo capítulo, ser una construcción social es, simplemente, ser el objeto intencional de cierto tipo de oraciones usadas en algunas sociedades y no en otras. El único requisito para que un objeto sea tal es que sea referido lingüísticamente de una manera coherente; pero no todos necesitan hablar de todas las maneras, ni acerca de todos los objetos. Una vez que nos desprendemos de la idea de que la finalidad del discurso es representar la realidad con corrección, no estaremos ya interesados en distinguir los constructos sociales de otras cosas. Nos limitaremos a debatir la utilidad de los constructos sociales alternativos.

Debatir la utilidad del conjunto de constructos sociales que llamamos "derechos humanos" es debatir la cuestión de si las sociedades incluyentes son mejores que las excluyentes. Y esto es debatir la cuestión de si las comunidades que alientan la tolerancia ante el desviacionismo inocuo deben ser preferidas a aquellas comunidades cuya cohesión social depende de la conformidad o de mantener a distancia a los de afuera o de eliminar a los que tratan de corromper a la juventud. La mejor señal de nuestro progreso hacia una cultura de derechos humanos plenamente realizada puede ser la medida en la que dejamos de interferir en los planes matrimoniales de nuestros hijos en función del origen nacional, la religión, la raza o la riqueza del candidato, o porque el matrimonio va a ser homosexual en vez de heterosexual.

Quienes desean proporcionar fundamentos racionales, filosóficos a una cultura de derechos humanos dicen que lo que los seres humanos tienen en común sobrepasa los factores adventicios como la raza o la religión. Pero tienen problemas a la hora de decirnos en qué consiste esa comunalidad. No basta con decir que todos comparten una susceptibilidad común al dolor. Si lo que importara fuera el dolor sería tan importante proteger a los conejos de los lobos como proteger a los judíos de los nazis. Si aceptamos el enfoque naturalista, darwiniano, de los orígenes humanos, no sirve decir que tenemos en común la razón, porque en ese enfoque ser racional es, sencillamente, ser capaz de usar lenguaje. Pero hay muchos lenguajes y la mayoría de ellos es excluyente. El lenguaje de los derechos humanos es una característica de nuestra especie, ni más ni menos que los lenguajes que insisten en la pureza racial o religiosa.[19]

Los pragmatistas sugieren, simplemente, que dejemos a un lado la búsqueda de la comunalidad. Piensan que el progreso moral podría acelerarse si nos concentráramos, en cambio, en nuestra habilidad para hacer que las cosas menudas específicas que nos dividen nos parezcan importantes, aunque no comparándolas con algo grande que nos une, sino con otras cosas menudas. Los pragmatistas pensamos que el progreso moral es como coser una manta elaborada y policroma, más que tener una visión más clara de algo verdadero y profundo. Como señalé antes, nos agrada reemplazar las metáforas tradicionales de profundi-

---

[19] Concuerdo aquí, nuevamente, con Habermas respecto del carácter lingüístico de la racionalidad, pero trato de usar esa doctrina para mostrar que no necesitamos pensar en términos universalistas. El universalismo de Habermas le impide, por supuesto, adoptar el enfoque de los derechos humanos que ofrezco en este capítulo. Dicho enfoque es antiuniversalista, en el sentido de que desalienta los intentos de formular generalizaciones que abarquen todas las formas posibles de existencia humana. Tener esperanza en un futuro humano mejor, actualmente inimaginable, es tener la esperanza de que ninguna generalización que podamos formular ahora será adecuada para abarcar el futuro.

dad o de elevación por metáforas que exhiben anchura y extensión. Convencidos de que no hay una esencia humana sutil que la filosofía podría aprehender, no tratamos de reemplazar la superficialidad con la profundidad ni elevarnos sobre lo específico para captar lo universal. Nos gustaría minimizar una diferencia por vez: la diferencia entre cristianos y musulmanes en una aldea bosnia, la diferencia entre blancos y negros en una ciudad de Alabama, la diferencia entre homosexuales y heterosexuales en una congregación católica de Quebec. Lo que esperamos es unir a esos grupos mediante un millar de "puntadas", invocando mil cosas menudas en común entre sus miembros, en lugar de especificar una única cosa grande, su común humanidad.

Esta imagen del progreso moral nos hace resistir la sugerencia de Kant de que la moralidad es propia de la razón. Los pragmatistas tienen más simpatía por la sugerencia de Hume de que es propia del sentimiento. Si estuviéramos limitados a esos dos candidatos deberíamos alinearnos con Hume. Pero preferiríamos rechazar la elección y dejar a un lado, de una vez y para siempre, la vieja psicología griega de las facultades. Recomendamos eliminar la distinción entre dos fuentes de creencias y de deseos, que funcionan de manera separada. En vez de ubicarnos dentro de los confines de esta distinción, que constantemente nos amenaza con la imagen de una división entre el yo verdadero y real y el yo falso y aparente, podemos recurrir una vez más a la distinción con la que comencé el primer capítulo: la distinción entre presente y futuro.

Más específicamente, podemos visualizar el progreso intelectual y moral no como un acercarse a lo Verdadero o a lo Bueno o a lo Correcto, sino como un incremento del poder de la imaginación. La imaginación es el bisturí de la evolución cultural, el poder que opera constantemente –dadas la paz y la prosperidad– para hacer que el futuro humano sea más rico que el pasado humano. La imaginación es la fuente de las nuevas imágenes científicas del universo físico y de las nuevas concepciones de las comunidades posibles. Es lo que Cristo, Freud y Marx tienen en común: la habilidad de redescribir lo familiar en términos no familiares.

La redescripción fue practicada por los cristianos primitivos cuando explicaron que la diferencia entre judíos y griegos no era tan importante como se había pensado. Es practicada por las feministas contemporáneas, cuyas redescripciones del comportamiento sexual y de los acuerdos matrimoniales suenan tan extrañas a muchos hombres (y, también, a muchas mujeres) como sonó a los escribas y fariseos la indiferencia de San Pablo a las distinciones tradicionales judaicas. Es lo que los Padres Fundadores de mi país intentaron hacer cuando le pidieron a la gente que se pensara no como cuáqueros de Pennsylvania o católicos de Maryland sino como ciudadanos de una república tolerante, pluralista, federal. Es lo que intentan quienes abogan con pasión por la unidad europea con la esperanza de que sus nietos se piensen primero europeos y luego franceses o alemanes. Pero son también buenos ejemplos de redescripciones la sugerencia de Demócrito y Lucrecio de que pensemos el mundo como átomos que chocan entre sí y la de Copérnico de que intentemos pensar que el Sol no se mueve.

He dicho en el primer capítulo que el pragmatismo intenta sustituir el conocimiento por la esperanza. Confío en que este capítulo final haya ayudado a poner en claro lo que quise significar. La diferencia entre la concepción griega de la naturaleza humana y la concepción deweyana, posdarwiniana, es la diferencia entre clausura y apertura, entre la seguridad de lo inalterable y la aventura propuesta por Whitman y Whitehead de sumergirse en un proceso de cambio no predecible. Este elemento de esperanza romántica, ese deseo de sustituir la certeza por la imaginación, el orgullo por la curiosidad, rompe la distinción griega entre la contemplación y la acción. Dewey la consideró el íncubo del que tenía que escapar la vida intelectual de Occidente. Su pragmatismo fue, como ha dicho Hilary Putnam, una "insistencia en la supremacía del punto de vista del agente".

En este libro he interpretado esa supremacía como la prioridad que tiene la necesidad de crear nuevos modos de ser humano y un nuevo paraíso y una nueva tierra para que los habiten esos nuevos humanos, por encima del deseo de estabilidad, seguridad y orden.

OBRAS CITADAS EN EL TEXTO
TRADUCIDAS AL ESPAÑOL

Davidson, D., "Paradoxes of Irrationality" = "Las paradojas de la irracionalidad", *Análisis Filosófico*, vol. I (1981), nro. 2, tr.: G. Carrió y E. Rabossi.

—, *Inquiries Into Truth and Interpretation = De la verdad y la interpretación*, Barcelona, Gedisa, 1990, tr.: G. Filippi.

—, "A Coherence Theory of Truth and Knowledge" = "Verdad y conocimiento: una teoría de la coherencia", en D. Davidson, *Mente, mundo y acción*, Barcelona, Paidós Ibérica, 1992, tr.: C. Moya.

Derrida, J., *De la grammatologie = De la gramatología*, México, Siglo XXI, 1978.

Dewey, J., *The Reconstruction in Philosophy = La reconstrucción de la filosofía*, Barcelona, Planeta, 1986, tr.: A. L. Ros.

—, *The Quest for Certainty = La búsqueda de la certeza*, México, FCE, 1952, tr.: Eugenio Imaz.

—, *Human Nature and Conduct = Naturaleza humana y conducta*, México, FCE, 1966, 2ª ed., tr.: R. Castillo Dibidox.

Dworkin, R., *Taking Rights Seriously = Los derechos en serio*, Madrid, Ariel, 1984, tr.: M. Guastavino.

Heidegger, M., *Sein und Zeit = El ser y el tiempo*, México, FCE, 1951, tr.: J. Gaos.

—, *Holzwege = Caminos de bosque*, Madrid, Alianza, 1995, tr.: E. Cortés y A. Leyte.

James, W., *Pragmatism = El pragmatismo*, Buenos Aires, Americalee, 1945, tr.: L. Poj.

Kuhn, T. S., *The Structure of Scientific Revolution* = *La estructura de las revoluciones científicas*, México, FCE, 1971, tr.: Agustín Contin.

Rorty, R., *Philosophy and the Mirror of Nature* = *La filosofía y el espejo de la naturaleza*, Madrid, Cátedra, 1983, tr.: J. Fernández Zulaica.

—, *Objectivity, Relativism and Truth* = *Objetividad, relativismo y verdad*, Barcelona, Paidós Ibérica, 1996, tr.: J. Vigil Rubio.

—, "Human Rights, Rationality and Sentimentality" = "Derechos humanos, racionalidad y sentimentalismo", en T. Abraham *et al. Batallas éticas*, Buenos Aires, Nueva Visión, 1996, tr.: O. Castillo.

Stroud, B., *The Significaction of Philosophical Scepticism* = *La significación del escepticismo filosófico*, México, FCE, 1990, tr.: L García Urriza.

Whitehead, A. N., *Process and Reality* = *Proceso y realidad*, Buenos Aires, Losada, 1956, tr.: A. Rovira Armengol.

ÍNDICE

Se terminó de imprimir en el mes de junio de 2001
en Nuevo Offset S.R.L., Viel 1444,
Capital Federal, República Argentina.

Se tiraron 1.000 ejemplares.

www.ingramcontent.com/pod-product-compliance
Lightning Source LLC
LaVergne TN
LVHW011408080426
835511LV00005B/432